¡Al diablo con las dietas!

¡Al diablo con las dietas!

Dele una tregua a su cuerpo

Kate Harding y Marianne Kirby

Traducción de:
Olga Martín Maldonado

Bogotá, Barcelona, Buenos Aires, Caracas, Guatemala,
Lima, México, Panamá, Quito, San José,
San Juan, Santiago de Chile, Santo Domingo

Harding, Kate, 1975-
¡Al diablo con las dietas!: dale una tregua a tu cuerpo / Kate Harding y Marianne Kirby; traductora Olga Martín Maldonado. -- Bogotá: Grupo Editorial Norma, 2009.
248 p.; 23 cm.
Título original: Lessons from the Fat-o-Sphere: Quit Dieting and Declare a Truce with your Body.
ISBN 978-958-45-2169-9
1. Autocuidado en salud 2. Estado físico 3. Mente y cuerpo 4. Dieta I. Kirby, Marianne, 1977- II. Martín Maldonado, Olga, tr. III. Tít.
613 cd 21 ed.
A1225584

CEP-Banco de la República-Biblioteca Luis Ángel Arango

Título original:
Lessons from the Fat-o-Sphere
Quit Dieting and Declare a Truce with Your Body
de Kate Harding y Marianne Kirby
Publicado por Penguin Group (USA) Inc.

Avenida El Dorado No. 90-10, Bogotá, Colombia

www.librerianorma.com

Impreso por Cargraphics S.A.
Impreso en Colombia — Printed in Colombia
Enero de 2010

Diseño de cubierta, Patricia Martínez
Diagramación, Nohora E. Betancourt Vargas

Este libro se compuso en caracteres Perpetua

ISBN: 978-958-45-2169-9

Contenido

Introducción

¿Alguna vez ha notado que las mismas revistas que, mes tras mes, le dicen cómo adelgazar, quemar más calorías, cuidar la línea —sin mencionar los consejos para lograr un maquillaje estilo ahumado, peinarse como las famosas y dominar el complicado arte de podar el vello púbico— anuncian, a renglón seguido, que debe amar su cuerpo? ¿Y, para completar, aseveran que la seguridad en sí misma es lo más sexy del mundo?

¿Alguna vez ha sentido ganas de quemar todas esas revistas?

Estamos con usted.

¿Cómo demonios podemos amar nuestro cuerpo cuando todo el tiempo se nos dice que es demasiado gordo, peludo, arrugado, granoso, oloroso, sudoroso, curvoso, bajo, alto, hombruno, poco saludable, demasiado mortal, demasiado humano?

Por supuesto que hay quienes aseguran poder demostrarnos cómo amar nuestro cuerpo. Usted es una diosa, dirán. Encienda unas velas, dese un baño de espuma y medite acerca de su luz interior femenina. Lo cual es genial, si expresiones como "su luz interior femenina" no le dan náuseas.

Mejores aún son los pregoneros de la "afirmación diaria". ¡Mírese al espejo y diga algo bonito de su cuerpo! ¡Dese un abrazo! ¡¿Qué diablos?! ¿El problema no es precisamente que no le gusta su cuerpo? ¿Acaso usted va por ahí felicitando y abrazando a la gente que no le agrada?

Aprender a amar su cuerpo es un proceso largo y lento, realmente *lento y largo*. No puede hacer una tregua porque sí; primero necesitará unas duras y largas conversaciones de paz. Y encontrará resistencia. En el plano intelectual, se dará cuenta de que todo lo que decimos en este libro tiene mucho sentido y que debería dejar de odiar su cuerpo inmediatamente. Sin embargo, en el plano emocional seguirá estando tan acostumbrada a esos sentimientos negativos sobre su aspecto físico que no sabrá cómo deshacerse de ellos de un día para otro. Créanos, nosotras sabemos lo que es sentirse así. En el capítulo 22 hablaremos de los libros que nos ayudaron a ver que era posible ser gordas, saludables y felices al mismo tiempo, y tenemos la ferviente esperanza de que este libro signifique lo mismo para usted. Pero ambas recorrimos caminos largos y lentos (¿aún no hemos mencionado eso de que es *largo y lento*?) entre la lectura de esos libros y la aceptación de nuestro cuerpo tal como es.

Es probable que las hostilidades entre usted y su cuerpo vengan de hace un buen tiempo, y uno no acaba con una contienda de años con solo decir: "Era una tontería. ¡Olvidémoslo!". (Ni siquiera cuando era una tontería, como lo es odiar nuestro cuerpo.) Cuando estamos acostumbradas a que nuestro cuerpo es el Enemigo —el obstinado adverso que nos impide ser la mejor versión (es decir, la delgada) de nosotras mismas— es muy difícil empezar a tener una buena imagen del mismo. *Muy* difícil.

Así que, para ser extremadamente honestas, ni siquiera intentaremos decirle cómo amar su cuerpo. Por ahora solo le diremos cómo llegar a una distensión, un cese al fuego. La buena nueva es que, dada la sociedad en que vivimos, eso ya es mucho.

Gorda, sí señora

Las dos devotas autoras de este libro son gordas. Sí, señora: GORDAS. No soportamos la palabra *sobrepeso*, pues implica que hay un peso único y objetivamente correcto para cada cuerpo humano. Y no hay tal. El índice de masa corporal (IMC) —medida utilizada para clasificar a la gente según las categorías de "infrapeso", "peso adecuado", "sobrepeso" y "obesidad"— es de limitada utilidad, por no decir algo peor. Al basarse únicamente en una proporción de altura a peso, deja por fuera una cantidad de factores importantes, tales como la edad, el sexo, la contextura y el tono muscular. Y aunque conocemos a algunas gorditas refinadas que no logran pronunciar la palabra en cuestión y se definen, por tanto, como "grandes y hermosas", "voluminosas" o incluso "obsesas", no nos contamos entre ellas. Nosotras somos gordas, así como de estatura bastante baja y pelo rizado (Marianne mucho más que Kate) y usamos gafas a ratos. Y, para las dos, el adjetivo *gordo* no tiene un valor moral superior a los demás; es lo que es, simplemente.

Claro que somos conscientes de que, para muchas personas, ser *gordo* no solo significa "tener una cantidad de tejido adiposo superior al promedio", sino toda una cantidad de cosas que en realidad no tienen nada que ver con dicho tejido. *Gordo* puede representar a cualquiera o todos los adjetivos siguientes: repugnante, perezoso, ignorante, apestoso, desagradable, malsano, indisciplinado, glotón, basto, sedentario, estúpido. Por tanto, no es de extrañar que tantas personas gordas eviten el adjetivo en cuestión, o que a los niños se les enseñe que es cruel decirle "gordo" a alguien. Lo es si se utiliza a manera de insulto, cargado de todas esas otras connotaciones. Pero, afortunada o desafortunadamente, *gordo* también es el adjetivo que describe con mayor eficacia a un cuerpo que no es delgado. Y como somos maniáticas de las palabras, evitamos los eufemismos ambiguos y condenamos a cualquiera que nos llame "fofas".

Kate, con sus 1,58 metros de altura, 90 kilos de peso y talla 16 o 18, es clínicamente "obesa", ferviente adoradora de los jeans de *Lane Bryant* y fundadora de *Shapely Prose*, uno de los blogs pro aceptación de la gordura más frecuentados en Internet (kateharding.net). Con todo, suele acusársele de no ser lo *suficientemente* gorda como para hablar en nombre de los gordos. Suspiro. Marianne, alias "la Redonda" (therotund.com), mide 1,64 metros, pesa unos 140 kilos y usa una talla 28 o 30. Kate creció siendo la más delgada en una familia gorda; Marianne (adoptada) era la gorda en una familia delgada. Entre las dos, apenas podemos sacar la cuenta de todas las dietas que hemos hecho, y con todos los kilos que hemos perdido podría hacerse otra persona entera. Una persona gorda. Pero como casi todos los que emprenden un plan para perder peso (y, sí, esto incluye también los "cambios permanentes en el estilo de vida", de lo cual hablaremos más adelante), siempre volvíamos a recuperarlo.

Con el tiempo, sin embargo, ambas hicimos algo menos típico que perder un montón de kilos gracias a un plan dietético comercial: dejamos de hacer dietas y aprendimos a amar nuestros cuerpos gordos. Aprendimos a disfrutar distintos tipos de ejercicio —caminar, yoga, natación, danza del vientre, aeróbicos acuáticos, bicicleta— porque son divertidos y nos hacen sentir mejor mental y físicamente, en vez de ser un terrible y doloroso castigo a la gordura que viene acompañado de una enorme cucharada de odio a sí mismo. Aprendimos a comer de manera intuitiva (de lo que hablaremos en el capítulo 4), a dejar de ver mujeres repugnantes, perezosas, ignorantes, apestosas, desagradables, malsanas, indisciplinadas, glotonas, bastas, sedentarias y estúpidas al mirarnos al espejo y, en cambio, vernos tal como somos: gordas.

Simplemente gordas. No moralmente en quiebra. Ni patéticas. Ni imposibles de amar. Simple y llanamente gordas, y verticalmente desfavorecidas, pelicrespas, intermitentemente gafufas y, si nos lo preguntan, tremendamente adorables. Nuestros cuerpos no implicaban que fuésemos a morir rodeadas únicamente por una manada de gatos. Nuestros cuerpos no implicaban que no mereciésemos una atención médica respetuosa y de primera. Nuestros cuerpos no implicaban que fuésemos empleadas incompetentes. Nuestros cuerpos no *implicaban* nada. Simplemente eran.

La gordura no tiene por qué impedirnos vivir la vida con alegría, orgullo, energía y una buena dosis de amor propio. Por desgracia, vivimos en una sociedad que suele insistir en que así debe ser. En palabras de nuestra amiga Melissa McEwan, del blog *Shakesville* (shakesville.com):

> En Estados Unidos, ser gordo y feliz es un acto radical, sobre todo si se es mujer (para quien una gordura "alegre" no es una opción). Si usted es gorda, no solo debe ser infeliz, sino que además debe avergonzarse profundamente de sí misma y proyectar permanentemente una naturaleza contrita que indique su remordimiento imperecedero por imponer su monstruoso ser en el mundo. No cabe duda de que no debe ser audaz ni enérgica ni segura de sí misma, y si logra superar el bombardeo de mensajes de que es fea, cero atractiva y se ha ganado el desprecio tanto de la sociedad como de usted misma, y un buen día le da por

salir al mundo con la cabeza en alto, debe recordársele con las llamadas y miradas despectivas de unos absolutos desconocidos que no le está permitido tener autoestima; no se la merece. Ser gorda y feliz públicamente es difícil; ser gorda y feliz pública, descarada e inquebrantablemente es un acto de voluntad y valentía.

En los siguientes capítulos, la alentaremos a repensar la relación entre salud y gordura, cuestionar las noticias sobre EL BOMBO DE LA CRISIS DE LA OBESIDAD, encontrar un tipo de ejercicio que le guste, aprender a oír su cuerpo y comer lo que este le pida, dejar de prestar atención a las revistas de mujeres neuróticas e inseguras, leer sobre el movimiento por la aceptación del cuerpo, encontrar ropa fabulosa que pueda usar *ahora* y no de aquí a cinco kilos menos, mandar a callar a su mamá, y por último, y de una buena vez por todas, aceptar que las dietas no producen una pérdida de peso permanente. Lo que ofrecemos en este libro es, en esencia, una guía de los pequeños pasos que dimos en nuestro largo y lento camino para ser "pública, descarada e inquebrantablemente gordas y felices". En sus manos, querida lectora, están la voluntad y la valentía necesarias para llegar allí; nosotras solo le diremos unos cuantos trucos que pueden resultarle útiles.

PRIMERA PARTE

Salud

Capítulo 1

Acepte que las dietas no funcionan

Las dietas no funcionan. Si esto es algo nuevo para usted, siga leyendo, pues contamos con evidencias científicas que respaldan esta afirmación. Pero antes de soltar el rollo académico queremos explicar por qué es tan importante bajarnos del tren de las dietas para aceptar nuestro cuerpo.

Marianne y Kate escriben sus blogs como espacios anti-pérdida-de-peso. Esto quiere decir que allí no se habla de cómo alguien acaba de adelgazar veinte kilos con la última dieta o siquiera de cómo perder *un par* de kilos por "salud". Quiere decir que no se habla de dietas, punto. Cuando empezamos a escribir estos blogs, la nuestra era una actitud bastante controversial, y muchas de las personas que hacían dieta se sintieron enajenadas por la prohibición a hablar del tema. Pero ambas nos dimos cuenta de la diferencia que implicaba el que tanto nosotras como las lectoras no nos viéramos constantemente bombardeadas por las estupideces que se dicen sobre las maravillas de las dietas.

Porque hacer dieta *no* es ninguna maravilla. Es una montaña rusa a la que subimos porque no nos gusta nuestro cuerpo. Si nos comprometemos con una actividad basada en la idea de que no debería gustarnos nuestro cuerpo, entonces la aceptación del mismo es, francamente, una meta fuera de alcance. Y si pretendemos cambiar activamente nuestro *aspecto físico* porque no concuerda con un estándar arbitrario, por no decir inalcanzable (de lo cual hablaremos más adelante), no podemos concentrarnos en transformar la manera como vemos nuestro cuerpo.

Ahora bien, nosotras no disuadimos a los dietéticos de aprender sobre la aceptación de la gordura, pero a veces es difícil asimilar la desconexión que hay entre las dietas y la aceptación del cuerpo. En todo caso debe quedar claro, desde ya, que nunca felicitaremos a nadie por haber empezado un nuevo plan para perder peso. Nosotras proponemos una ruta distinta para la superación personal, y eso es lo que le enseñaremos en este libro.

Actualmente, es común encontrarse con titulares que proclaman que las dietas no funcionan (y con la conclusión de dichos artículos que advierte que deberíamos hacer dieta de todos modos). Incluso los Weight Watchers, en el año 2008, publicaron anuncios que criticaban las dietas (porque, claro, el plan de los Weight Watchers no es una dieta). Muchas personas pregonan la teoría de que las dietas no funcionan, pero como casi nadie está preparado para aceptar que no existe un método seguro y comprobado para adelgazar de manera definitiva, encuentran el modo de racionalizar que lo que sea que están haciendo *no* es una dieta. ¡Lo que están haciendo funcionará a la perfección! Lo que da lugar al coro de que "las dietas no funcionan, *pero*...", que dice más o menos así:

Las dietas no funcionan, pero...

- aunque el plan XYZ para adelgazar no es exactamente una dieta, sí funciona.
- aunque "un cambio permanente en el estilo de vida" no es exactamente una dieta, sí funciona.
- aunque limitar la ingesta de calorías para siempre no es exactamente una dieta, sí funciona.
- aunque dejar de comer carbohidratos no es exactamente una dieta, sí funciona.
- aunque consumir solo alimentos integrales no es exactamente una dieta, sí funciona.
- aunque disminuir la ingesta de grasas no es exactamente una dieta, sí funciona.
- aunque "controlar las porciones" no es exactamente una dieta, sí funciona.
- aunque comer bien y hacer ejercicio no es exactamente una dieta (y no se le había ocurrido antes a nadie), sí funciona.

Por Dios, ¡qué cantidad de información más contradictoria! ¿Cómo podríamos sintetizarla? ¿Acaso habrá un único elemento común a todas estas afirmaciones?

¡Huy! ¡Vaya! Helo aquí: ¡Las dietas no funcionan!

Lo que causa tanta confusión (para ser benévolas) es que las dietas sí funcionan… a corto plazo. Todas las dietas, desde la sopa de repollo hasta los Weight Watchers, hacen que la gente pierda peso. Al principio. Pero después de cinco años, todas las dietas tienen el mismo resultado: la gran mayoría de las personas que perdieron peso al principio terminan recuperándolo.

A esto nos referimos al decir que "las dietas no funcionan", sin añadir ningún pero. *Las dietas no producen una pérdida de peso permanente en la mayoría de las personas*. Sin embargo, todos suelen alzarse en masa para rebatirlo.

Si alguna vez ha leído el folleto de algún plan comercial para adelgazar, habrá visto la frase "Estos resultados no son típicos" debajo de las fotos de una triunfal ex gorda que muestra su nuevo yo. "¡Hola! Para protegernos de una demanda universal, queremos asegurarnos de que sea consciente de que nuestro producto no le funciona a la mayoría de la gente. Ahora, ¡vuelva a mirar la foto! ¿Quiere verse como ella? ¡Compre nuestro producto!".

Es fácil hacer caso omiso de esa molesta partecita acerca del producto porque, bueno, ¡yo tampoco soy una persona típica! ¡Yo tengo el valor! ¡Yo apareceré en el próximo anuncio! Dato curioso: a Kate le preguntaron si podrían usar sus fotos de "antes y después" en dos ocasiones. ¡Ella no era una persona típica! Excepto que... fueron dos antes y dos después distintos. Y bien puede imaginarse qué sucedió en medio. Digamos simplemente que fue algo "típico".

Como puede atestiguar cualquiera que la haya conocido entre 1995 y 2002, Kate tuvo una época insoportable con su proselitismo interminable acerca de los "cambios en el estilo de vida". Si hubiera tenido más dominio de Internet en ese momento, habría contaminado cualquier tablón de mensajes con su labia infinita sobre cómo es de fácil... ¡en cuanto uno se acostumbra!, ¡en cuanto uno hace el cambio en su estilo de vida! Sobre lo bien que se siente ser delgada. Sobre cómo había tomado el control de su alimentación, de su vida, de su destino. ¡Y sobre cómo no volvería atrás nunca jamás!

Y, vaya, cómo se sentiría de estúpida ahora. Una gorda estúpida, para ser más precisas.

He aquí un gran secreto, que no podemos respaldar con ninguna evidencia científica, pero por el que apostaríamos todos nuestros ahorros y nuestros respectivos recién nacidos: al menos el 95 por ciento de las personas que insisten en que "los cambios en el estilo de vida" funcionan (y que no están en el negocio de los productos para adelgazar) está a menos de cinco años del comienzo de un "cambio en el estilo de vida"; mejor conocido, tal como verán al final de esos cinco años, como "dieta".

Las dietas no producen una pérdida de peso permanente en la mayoría de las personas. Ni siquiera si nos negamos a llamarlas dietas. Si su "cambio en el estilo de vida" supone limitar la ingesta de ciertos alimentos, lo más seguro es que recupere el peso perdido, y muy probablemente más.

¿Quién lo dice?

Casi todos los estudios que hacen seguimiento a las personas que hacen dieta hasta cinco años después de haberla empezado llegan a esta conclusión. Y es por eso que la mayoría de los estudios no hacen un seguimiento tan prolongado. Al leer un artículo sobre cómo un nuevo método para adelgazar descubrió que un porcentaje notable de gente consiguió perder y no recuperar un porcentaje notable de peso durante un tiempo, lo primero que debe preguntar es: "¿Cuánto duró el estudio?". Es probable que descubra que a los participantes se les hizo un seguimiento de dos años y medio, o menos; a veces es solo de un año. Lo siguiente que debe preguntar es cuánto peso perdieron, y no recuperaron, los participantes. Por lo general, la respuesta oscila entre el 5 y el 10 por ciento del peso inicial.

Ahora, analicemos los datos objetivamente: Kate ha perdido, en dos ocasiones, más del veinte por ciento de su peso —una vez perdió más del 35 por ciento—; de ahí la insistencia del centro de adelgazamiento para ponerla en los anuncios. Las dos veces logró conservar el peso alcanzado durante un año. Después de dos años y medio, había recuperado un poco, pero seguía manteniendo una reducción del 10 por ciento. Si los investigadores le hubieran hecho seguimiento durante dos años y medio la habrían clasificado directamente en la columna del "Éxito" y habrían publicado alegremente su conclusión de que las personas como Kate demuestran que es posible mantener una reducción notable de peso durante un tiempo.

El problema, si son como la mayoría de los investigadores de la pérdida de peso, es que no se habrían tomado la molestia de llamarla cinco años después, cuando descubrieron, en ambas ocasiones, que había regresado al peso inicial. Lo mismo que sucede, después de cinco años, con casi todas las personas que hacen dieta. Como señaló un grupo de investigadores de UCLA, dirigido por Traci Mann, en el metaanálisis del año 2007 sobre la bibliografía acerca de las dietas: "Es importante recordar que la recuperación del peso no termina necesariamente cuando los investigadores dejan de hacerles seguimiento a los participantes en el estudio"[1]. Así se dice.

Esta revisión de la bibliografía sobre la pérdida de peso, que examinó cantidades de estudios publicados, fue tremendamente crítica. En el análisis de los estudios de diseño más riguroso —aleatorios y a largo plazo—, Mann y sus colegas descubrieron que "no hay evidencias contundentes de la eficacia de las dietas en la reducción de peso a largo plazo. En dos de los estudios no había ninguna diferencia significativa entre la reducción de peso mantenida por los sujetos a los que se les asignó una dieta y los del grupo de control. En los tres estudios que sí descubrieron diferencias importantes, estas eran muy pequeñas". (En dichos estudios, por cierto, el promedio de peso reducido era de un kilo.) En estudios menos rigurosos, el equipo de UCLA advirtió diversos "problemas metodológicos" —índices de seguimiento particularmente deficientes, participantes que indicaban su peso por sí mismos, investigadores que confundían los efectos de la dieta con el exceso de ejercicio, y participantes que empezaban otras dietas una vez concluido el estudio— que predisponían los estudios "para demostrar un mantenimiento eficaz de la pérdida de peso". Los investigadores señalan:

> En resumen, los estudios sobre dietas realizados a largo plazo y sin grupos de control encuentran poco respaldo para demostrar la eficacia de las dietas para alcanzar una pérdida de peso sostenida. A los cuatro o cinco años, de uno a dos tercios de los participantes en la dieta pesarán más de lo que pesaban al empezarla. Esta conclusión surge de estudios predispuestos por los cuatro factores anteriormente señalados para demostrar un mantenimiento exitoso de la reducción de peso y debe ser considerada como un cálculo prudente del porcentaje de sujetos para quienes las dietas son contraproducentes. La verdadera cifra podría resultar considerablemente mayor.

Ni siquiera los estudios en que todo se inclina hacia un resultado en favor de las dietas lo consiguen. De uno a dos tercios de los participantes terminaron más gordos que al principio.

Y la cosa se pone mejor. El artículo sobre el metaanálisis de UCLA llega a la siguiente conclusión sobre todos los estudios:

> En los estudios aquí reseñados, las personas que hicieron dieta no pudieron mantener la reducción de peso a largo plazo y no se encontró evidencia consecuente de que las dietas tuvieran como resultado una mejora importante en la salud. En los pocos casos en que se mostraban beneficios saludables, no pudo demostrarse que provinieran de

la dieta y no del ejercicio, el uso de medicamentos u otros cambios en el estilo de vida. Parece que las personas que hacen dieta y consiguen mantenerse en el peso alcanzado son la excepción, no la regla. Los que hacen dieta y ganan más peso del que perdieron bien podrían ser la norma y no una desafortunada minoría.

En otras palabras: las dietas no funcionan.

Algo que Mann y sus colegas descubrieron fue que muchas de las pruebas aleatorias y a largo plazo tenían más resultados relacionados con la salud —mejor control glucémico, disminución de los síntomas de osteoartritis y una tensión arterial más baja— que con el adelgazamiento. Es cierto: llevar una dieta nutritiva y balanceada y hacer ejercicio es bueno. Pero aquello de que esto nos hará delgados aunque nuestro cuerpo no esté inclinado a ello, es una mentira podrida. Y dejar de comer para perder peso y luego recuperarlo —lo que, como recordará, le sucede a la mayoría— puede generar sus propios problemas de salud. Lo que suele conocerse comúnmente como "dietas con efecto yoyó" se denomina "peso cíclico" en los círculos médicos, y he aquí la opinión del equipo de UCLA al respecto: "Con base en estudios de observación a gran escala, se tienen evidencias de que el peso cíclico está relacionado con un aumento en la mortalidad general y la mortalidad por enfermedades cardiovasculares. Además, el peso cíclico está relacionado con un mayor riesgo de infarto de miocardio, apoplejía y diabetes, aumento del colesterol, elevación de la tensión arterial sistólica y diastólica e incluso inmunodeficiencia".

¿Se dio cuenta de que todos esos desagradables problemas de salud son los mismos que suelen relacionarse con la "obesidad" y esgrimirse para darnos un susto redondo a los gorditos? ¿No lo vemos en los periódicos de todos los benditos días? Las personas gordas padecen esos males y síntomas más que las delgadas, por tanto, ¡hay que adelgazar! Pues sí, pero ¿sabe qué hacen las personas gordas que no hacen las delgadas? Dieta. Alguien tiene que decirlo.

Correlación no equivale a causalidad

Aun si las enfermedades "relacionadas con la obesidad" no son en realidad enfermedades relacionadas con la dieta escondidas detrás de un disfraz —nosotras no somos científicas, pero todavía no hay consenso entre los que sí lo son—, el hecho sigue siendo el mismo: las dietas no funcionan. Simplemente no hay un modo seguro y comprobado de volver delgadas a las personas gordas durante más de un par de años. Y la pregunta es: ¿qué debe hacer la chica que no está contenta con su peso (lo cual, tristemente, corresponde a la gran mayoría de nosotras)?

En primer lugar, ponerse muy furiosa mientras asimila bien todo el asunto. No es justo que la tecnología no haya descubierto un modo para volvernos delgados mientras la sociedad sigue exigiendo la delgadez. Tenemos Internet, trasplantes de órganos y ovejas clonadas, ¿pero todavía no hay una condenada dieta que funcione? Es una desgracia. Pero es la dura realidad, en pleno 2009. No tenemos cinturones ni autos voladores, ni dietas que funcionen. En este preciso momento, lo único que podemos hacer es aceptarlo, y luego canalizar nuestra furia hacia una sociedad que sigue intimidándonos con el mensaje de que las personas delgadas son intrínsecamente mejores que las gordas.

Una vez haya aceptado este hecho, y si sigue pensando que le gustaría hacer ciertos cambios en su estilo de vida, lea los capítulos sobre la alimentación intuitiva y el ejercicio, los cuales abordamos desde una propuesta conocida como "salud para todas las tallas".

Capítulo 2

Salud para todas las tallas, incluida la suya

Nuestra sociedad está tan obsesionada con la pérdida de peso, que a veces nos olvidamos de los beneficios independientes del ejercicio y una alimentación nutritiva; a saber, que nos hacen sentir y funcionar mejor, tanto mental como físicamente. Lo que no suelen hacer, sin embargo, es transformar a los gordos en delgados para siempre, lo que lleva a muchos a dejar el ejercicio y el consumo de verduras que incorporaron a sus rutinas como parte de una dieta.

Es un hecho que una vida sedentaria y una alimentación deficiente *son* malas para la salud, pero estas dos cosas suelen refundirse erróneamente con la gordura. Hay quienes comen montones de comida basura y no hacen ejercicio, pero nunca ganan una cantidad significativa de peso. ¿No conocemos todos a alguien así? Asimismo, hay gordos que hacen mucho ejercicio y comen verduras, pero nunca pierden una cantidad significativa de peso. Es probable que también conozca a alguien así (o incluso puede que este sea su caso); pero como se nos alienta a identificar "dieta deficiente y falta de ejercicio" con "gordura", esas personas tienden a ser invisibles en esta sociedad. Mediante nuestro trabajo en Internet, ambas hemos conocido muchos gordos vegetarianos radicales, deportistas y maniáticos de la salud, y todos cuentan la misma historia: una y otra vez, se les acusa de mentir acerca de lo que comen y el ejercicio que hacen. Según la sabiduría imperante, si uno es gordo lleva "un estilo de vida poco saludable", y si es delgado, probablemente lleve uno saludable.

Mentira podrida. Es completamente posible ser gordo y llevar un estilo de vida saludable; y convertirse en una de esas personas (si no lo es ya) es una meta mucho más razonable y alcanzable que la delgadez. Es aquí donde aparece la propuesta de la "salud para todas las tallas" o HAES [por sus siglas en inglés].

Dietas versus HAES

En un estudio realizado por científicos del Servicio de Investigaciones Agrícolas del Departamento de Agricultura de Estados Unidos y la Universidad de California-Davis, se dividió a 78 mujeres obesas en dos grupos: uno que seguía consejos tradicionales sobre dieta y ejercicio, y otro que seguía la propuesta HAES. Y he aquí la diferencia, según el artículo de Marcia Wood publicado en la edición de marzo de 2006 del *Agricultural Research*[1]:

> A los dos grupos se les dieron instrucciones básicas sobre la nutrición. A las mujeres del grupo de la dieta convencional se les informó acerca de temas que suelen hacer parte de muchos de los planes corrientes para adelgazar,

> tales como vigilar el peso, controlar la alimentación y hacer ejercicio intensamente.
>
> Por su parte, las del grupo HAES aprendieron a construir su autoestima, reconocer y responder a los impulsos naturales e internos de hambre y satisfacción del cuerpo, escoger opciones saludables a la hora de comer y entre comidas, y disfrutar algún tipo de ejercicio físico; un enfoque distinto a hacer ejercicio básicamente para perder peso.

Dos años después, quienes practicaban la salud para todas las tallas habían conservado un peso estable durante todo el tiempo, mientras que las que habían hecho dieta —¡digámoslo en coro!— perdieron peso inicialmente, para luego recuperarlo y terminar justo donde empezaron. Ni las dietas ni la HAES son un plan eficaz para adelgazar. Pero analicemos algunas diferencias interesantes entre los dos grupos.

Primero, y en respuesta a todos los que despotrican del colesterol y la tensión arterial de los gordos, debemos señalar que todas las mujeres del estudio —que eran, como recordará, clínicamente obesas— empezaron con niveles normales de colesterol y presión arterial. Pero, dentro de sus posibilidades, las mujeres del grupo HAES "disminuyeron el colesterol total y la tensión arterial sistólica y pudieron conservar esas disminuciones durante todo el estudio". Las que hicieron dieta, en cambio, no redujeron el colesterol en absoluto y, al igual que su peso, la tensión arterial bajó y luego repuntó. (Por cierto, he ahí precisamente el tipo de correlación entre la pérdida de peso y un beneficio saludable que suele esgrimirse para propagar el mito de que "las dietas son buenas para usted". Si analizamos ese grupo de manera independiente, parece muy sencillo: al perder peso, la presión arterial baja; al recuperarlo, la presión vuelve a aumentar. Pero la historia del otro grupo es muy distinta: se pueden obtener beneficios saludables más duraderos sin adelgazar. Piense en ello la próxima vez que lea que la pérdida de peso está relacionada con algún resultado positivo para la salud. Como veremos más adelante, correlación no equivale a causalidad.)

¡Y hay más! Dos años después, participantes del grupo HAES hacían cuatro veces más ejercicio que al empezar el estudio, mientras que las de la dieta habían abandonado sus rutinas. Estas últimas habían mejorado un poco su "comportamiento alimentario", pero las primeras habían asumido e incorporado cambios más positivos. A este grupo también le fue mejor en términos de evitar comportamientos enfermizos y depresión. Y lo más importante, en palabras de Wood:

> A los dos años, las voluntarias respondieron cuestionarios sobre la utilidad del programa. Cuando se les preguntó si seguían poniendo en práctica algunas de las herramientas aprendidas, la respuesta del 89 por ciento del grupo HAES fue "con frecuencia". Solo el 11 por ciento de las que hicieron dieta respondió del mismo modo.

En otras palabras, si realmente desea hacer "cambios permanentes en su estilo de vida" para mejorar su salud mental y física —a diferencia de querer adelgazar y *hacer creer* que es por salud—, tiene muchas más probabilidades de éxito al implementar la salud para todas las tallas que haciendo dieta.

¿Qué significa esto para mí?

¿Qué es HAES? Muchas cosas. En los dos capítulos siguientes expondremos en profundidad dos de sus aspectos fundamentales: encontrar un tipo de ejercicio que disfrute y aprender a oír los impulsos internos de hambre (alimentación intuitiva). Pero, en esencia, HAES es una filosofía, más que un plan estructurado. Es oír al cuerpo y concentrarse en sentirse lo mejor posible. Es aprender a apreciar todas las cosas que puede hacer su cuerpo en vez de intentar cambiar su aspecto. Es ser amable consigo misma y hacer lo que está dentro de sus limitaciones, entre las que puede haber una predisposición genética a la gordura, una discapacidad o una enfermedad crónica.

El que la palabra *salud* haga parte del nombre de esta filosofía parece desconcertar a muchos porque nuestra imagen cultural de una persona "saludable" es un ser adicto al gimnasio y libre de enfermedades que vive a punta de tofu y pasto. Pero no hay que ser esa persona para adoptar esta filosofía, pues se trata de trabajar con, y no contra, nuestro propio cuerpo y sus apetitos. Si padece de fibromialgia, no puede hacer todo el ejercicio que quisiera. Si tiene diabetes o síndrome de colon irritable, no puede comer todo lo que le apetezca. Si tiene un trabajo o una familia muy exigente, o lleva una vida muy estresada por otras razones, es probable que no siempre pueda sacar el tiempo o la energía necesarios para hacer yoga o nadar, o para comprar y cocinar una amplia variedad de alimentos. Pero nada de esto implica reprobar en materia de HAES; simplemente quiere decir que tiene sus propias limitaciones, como nos sucede a todos.

He aquí una de las cosas más importantes que debemos recordar con respecto a la salud para todas las tallas —y casi todo lo demás en la vida—: la salud mental compone parte importante de la salud. Y usted no querrá dejar de flagelarse por sus "fracasos" dietéticos para flagelarse por no practicar "correctamente" la HAES. La clave de esta propuesta es, precisamente, dejar de flagelarse porque no le gusta su cuerpo —¿recuerda que a las mujeres del grupo HAES también se les enseñó cómo mejorar su autoestima?— y empezar a aceptarlo. Es un proceso que adoptará una forma diferente dependiendo de cada persona, pero la filosofía esencial es la misma: ser amable consigo misma.

Ahora bien, no estamos diciendo que tenga que subirse al tren HAES para mejorar su imagen corporal. Como diremos una y otra vez en este libro: a pesar de lo que suele sugerirse en nuestra sociedad, la salud no es un imperativo moral. Usted no es una mala persona si no le gusta hacer ejercicio o comer verduras, si tiene prioridades distintas a vivir cien años, o si tiene una discapacidad que le impide sentirse completamente "saludable". Pero hablaremos mucho de la salud para todas las tallas y conceptos relacionados porque esto nos guió a ambas hacia un cambio de paradigma tremendamente importante en nuestra vida. Cuando empezamos a ver el ejercicio y las verduras como algo que realmente nos hacía sentir mejor —y no solo como una estupidez detestable que hacíamos periódicamente para castigarnos por ser gordas—, ambas empezamos a apreciar nuestro cuerpo muchísimo más. Mucho más que en las épocas en que adelgazamos temporalmente a punta de hambre.

Capítulo 3

Busque un ejercicio que le guste

Hace un buen tiempo, Marianne fue a Chicago a visitar una universidad. (Aquello de que es una ciudad ventosa, es cierto. ¿Y aquello de que el epíteto se refiere a los políticos escandalosos y no al clima? Mentira —Kate.) Era marzo, la temperatura estaba en cinco grados y el hotel quedaba lejos de todo. Una mañana, Marianne salió envuelta en varias capas de ropa (lo cual es bastante asombroso, dada su notoria dificultad para vestir su cuerpo de la Florida), y, en lugar de congelarse, se sintió vitalizada. Quería brincar y revolotear. Quería caminar rapidísimo hasta su destino.

Entonces vio pasar a un hombre que iba trotando, y algo hizo clic en su cabeza: por esto es que la gente trota. Por esta emoción que produce el moverse a través del espacio bajo su propio poder. Finalmente había comprendido el hasta entonces escurridizo dicho sobre el "júbilo de los trotadores".

Con sus pesadas botas negras y una falda de terciopelo, Marianne trotó un par de pasos. ¡Era maravilloso! Pero tuvo que detenerse pronto porque el frío avivó su asma y le produjo un duro espasmo en los pulmones. Y no volvió a pensar en trotar durante muchos, muchos años.

Al fin y al cabo, era gorda, y los gordos no trotan, todo el mundo lo sabe. Y pese a los comentarios positivos de un entrenador sobre su estado físico, Marianne no creía estar lo suficientemente en forma como para trotar.

Ahora adelantemos varios años. Son las dos de la mañana, Marianne está sentada en medio de una ducha caliente llena de vapor, intentando respirar. Quizá tenga que despertar a su novio para que la lleve al hospital. Sin embargo, sale de la ducha e intenta dormir sentada. Al día siguiente, el trayecto desde el estacionamiento hasta la oficina la deja agotada... no le llega suficiente oxígeno a los pulmones, entonces empieza a sospechar que tal vez no sea un problema de estado físico.

Ese fue el día en que Marianne se decidió finalmente a pedir una cita con un alergólogo. El día en que se dio cuenta de que el problema no era su gordura, sino su sistema respiratorio. Y terminó tomando una cantidad de medicinas para controlar sus alergias y su asma, que habían sido co-conspiradores en el ataque a sus habilidades respiratorias.

Semanas después, Marianne pudo respirar libremente por primera vez en casi toda su vida. Su novio la persiguió por un estacionamiento, jugando, y ella pudo correr sin jadear. Entonces se detuvo en seco.

Sí, señora, había corrido por un estacionamiento... y podía seguir respirando. Los momentos más importantes suelen parecer insignificantes en la superficie, y por cursi que parezca, en ese momento, Marianne supo que podía trotar.

Y eso fue precisamente lo que hizo en su siguiente ida al gimnasio.

El ejercicio puede ser divertido

Trotar, por supuesto, no tiene que ser el ejercicio de todo el mundo, y hay quienes pensarán que Marianne está loca. (¡Es lo que piensa Kate!) En todo caso, ella es gorda, y trota. Este simple hecho podría bastar para confundir a quienes caen en el estereotipo de que las personas gordas son perezosas y sedentarias. Pero las razones por las cuales trota también podrían dejarlos desconcertados: no lo hace porque vaya a adelgazarse (probablemente no lo hará, ¡no lo ha hecho aún!) o porque sea "bueno". Marianne trota por esa sensación que experimentó por primera vez en Chicago, la emoción de moverse por el espacio bajo su propio y extraordinario poder. No es algo privativo de los adictos al gimnasio; cualquiera puede experimentarlo.

Kate también vivió una gran revelación el primer día que fue a una clase de yoga. ¿Acaso hay un ejercicio que no sea 95 por ciento humillación y 5 por ciento diversión? ¿Existe un ejercicio con el que puedo terminar sintiéndome mejor que cuando empecé? ¿De dónde diablos salió eso?

Nosotras creemos que muchas personas son sedentarias no porque sean perezosas, sino porque realmente ignoran que el ejercicio debe —y realmente puede— hacernos sentir bien. Si uno ha crecido dentro de la cultura del "al que algo quiere algo le cuesta", maltratado por los profesores de educación física y puesto en ridículo por unos compañeros más coordinados, es totalmente lógico que tienda a ver el ejercicio como una desgracia absoluta. Así lo vimos nosotras durante mucho tiempo, antes de descubrir la dicha de trotar y de hacer yoga, respectivamente (lo que, con el tiempo, nos abrió muchos más intereses deportivos).

No solo descubrimos que el ejercicio puede ser divertido; lo que nos cambió la vida fue el hecho de aprender a habitar nuestro cuerpo en vez de aceptarlo a regañadientes como la única forma disponible de transportar nuestro cerebro. Descubrimos lo que se siente cuando nuestro ritmo cardiaco aumenta y nuestros músculos se mueven. Descubrimos cómo un buen estiramiento puede relajarnos las piernas y la maravillosa sensación que produce el movimiento.

Comer menos, hacer más ejercicio

Como muchas chicas de nuestra sociedad, las dos crecimos creyendo que nuestros cuerpos eran, ante todo, algo experimentado exteriormente por los demás. El ejercicio era un medio para adelgazar y, de ese modo, tener un aspecto más aceptable, no algo que podía ser una experiencia realmente satisfactoria. Nadie nos enseñó que podíamos mover nuestro cuerpo con un propósito distinto de perder peso. Claro que sabíamos que algunas personas sí parecían disfrutar los deportes como modo de recreación; pero, ¡oh sorpresa!, no nos contábamos entre ellas. Y claro que mucha gente insistía en las bondades del ejercicio "para la salud", lo que realmente significaba "para adelgazar". La gordura era mala y malsana. Y el ejercicio acababa con ella. Eso. Era. Todo.

Por tanto, si el ejercicio no nos llevaba a perder peso, no había ninguna razón para seguir haciéndolo, obviamente. El ejercicio no nos hacía más "saludables" ni bonitas, y en realidad no se nos ocurría ponernos a pensar en cómo se sentían nuestros cuerpos al hacer ejercicio. Si llegábamos a sentir algo en absoluto, esa sensación estaba enterrada bajo la expectativa de que así nos sentiríamos todo el tiempo cuando fuéramos delgadas. Nuestros cuerpos finalmente se sentirían bien al ser delgados; sin importar si se sentían bien al ser gordos. Cuando hacíamos ejercicio, solo podíamos pensar en una cosa: "Si sigo haciendo este ejercicio durante un buen tiempo, adelgazaré".

Una idea que, por supuesto, iba seguida por la siguiente: "¡Si hago aún más ejercicio, adelgazaré aún más rápido!". Lo que nos llevaba a esforzarnos más de la cuenta y, así, fortalecer la asociación mental del ejercicio con el dolor. Esforzarse al máximo, dentro de lo razonable, puede ser placentero. Pero durante un buen tiempo no sabíamos qué era razonable; simplemente creíamos que las personas delgadas sufrían casi todo el tiempo, y nosotras, por lo visto, no éramos lo suficientemente fuertes para soportarlo. No se nos ocurría pensar que un ejercicio excesivo podía ocasionar problemas de salud que no padecíamos antes. Esas sensaciones de incomodidad se debían, obviamente, a nuestra gordura, por lo que nos exigíamos aún más, y esto nos hacía sentirnos aún peor.

Si pensamos en el ejercicio exclusivamente como una suerte de expiación del pecado de la gordura, algo que debemos hacer para ser socialmente aceptables, es lógico que se convierta en una desgracia o que resulte nocivo y terminemos renunciando más temprano que tarde. Y aunque para las personas de mentalidad más puritana la vergüenza puede llegar a ser una motivación poderosa, no es el caso de la mayoría. Un estudio del año 2007 publicado en el *American Journal of Preventive Medicine* descubrió que, entre adolescentes, el haber sido ridiculizados por su cuerpo era uno de los factores más importantes para predecir trastornos alimentarios y exceso de peso. El sentirse avergonzados por su cuerpo no solo estimulaba a los niños a matarse de hambre o atiborrarse de comida, sino que los hacía engordarse más de todos modos.[1]

Más recientemente, unos investigadores que estudiaron a un grupo de unos 170 000 adultos estadounidenses descubrieron que la diferencia entre el peso real y el peso considerado ideal era un mejor barómetro de salud física y mental que el índice de masa corporal; en otras palabras, sentirse demasiado gordo es peor para la salud que ser gordo.[2] Entonces, contrario a la opinión generalizada que sostiene que si no se margina a las personas gordas estas no tendrán motivos para adelgazar y, por tanto, costarán muchísimo dinero a los sistemas de salud y ocasionarán el ocaso de la civilización occidental, etcétera, etcétera, ni la vergüenza ni el odio a sí mismo nos hacen querer cuidar mejor nuestro cuerpo. ¿Y por qué habría de ser así? ¿A quién tratamos mejor, a nuestro mejor amigo o a nuestro peor enemigo? No tiene mucha ciencia.

Sin embargo, hacer ejercicio porque lo disfrutamos, sin importarnos un bledo si adelgazamos o no, sigue siendo una idea bastante radical para la mayoría. Lo cual es un absurdo, si tenemos en cuenta los estudios que han demostrado que mejorar el estado físico produce enormes beneficios para la salud, incluso si seguimos siendo gordos. Nuestra sociedad y los medios de comunicación están tan obsesionados con la pérdida de peso que este hecho tiende a extraviarse entre la confusión, pero los investigadores han descubierto que los adultos que están en buena forma viven más que los que no lo están, sin importar cuál sea su peso.[3]

Puesto que sabemos que las dietas no funcionan para la gran mayoría de las personas, ser gordo y estar en forma es lo mejor que podemos esperar muchos de nosotros. Y todo el mundo está de acuerdo con que eso es al menos más saludable que ser gordo y no estar en forma (aunque quizá debería releer el capítulo sobre la salud para todas las tallas antes de valerse de la salud relativa para juzgar a las personas). Entonces, ¿cuál es el problema con decirle a la gente que hacer ejercicio es algo bueno, sin importar si se adelgaza o no? (Más adelante intentaremos responder a esta pregunta, pero, por ahora, considérela como retórica y síganos la corriente.)

¿Alguien dijo diversión?

Ahora que ya nos hemos desahogado, volvamos a aquello de que "el ejercicio es divertido". Hemos de reconocer que no cualquier tipo de movimiento es divertido para todo el mundo. Kate odia trotar tanto como a Marianne le fascina. (Caminar rápido es igual de divertido y libre de dolores de pecho y de rodillas, por Dios.) Y por mucho que a Kate le guste el yoga, conoce a muchas personas a quienes les parece lo más aburrido del planeta. Así como los pilates, que descubrió hace poco (y que Marianne aborrece). A las dos nos gusta nadar y hacer aeróbicos acuáticos, pero tenemos montones de amigas que niegan que cualquier actividad que implique ponerse un traje de baño pueda ser una experiencia positiva. A los demás no tiene por qué gustarles lo que le gusta a uno, o a sus amigos o parejas, o lo que sea que la revista *Glamour* anuncie como el ejercicio de moda. Cada uno debe descubrir qué tipo(s) de ejercicio le gusta(n).

Y al encontrar ese ejercicio o esos ejercicios, ya no necesitamos ningún consejo sobre cómo perseverar en el intento o persuadirnos de volver al gimnasio. Cuando nos gusta hacer algo, nos dan ganas de hacerlo. ¡Oh, sorpresa! Y si no podemos ir a alguna clase porque la vida se nos atraviesa en el camino, empezamos a extrañar dicha actividad, y esto nos motiva a recomenzar. Vaya absurdo, ¿no? Pareciera que la gente, abandonada a sus propios recursos, tiende a buscar el placer y evitar el dolor. (Es la última vez que citamos a Freud, prometido, pero hay que reconocer que el hombre tenía razón en este aspecto.)

La mala noticia es que el único modo de descubrir qué actividades físicas producen esa sensación vertiginosa y emocionante, y no una dolorosa y humillante, es a base de ensayo y error. Una buena opción, para empezar, es leer acerca de la actividad escogida y pensar si podría verse a sí misma disfrutándola. Pero sea consciente de que siempre tropezará con dificultades que, por supuesto, se traducirán en más experiencias deportivas desagradables que pueden hacerle sentir que no se equivocaba: el ejercicio no es lo suyo. Punto. En ese caso, la alentamos a hacer un ensayo más. Y si ese deporte tampoco funciona, otro más. Es como el mundo de las citas, en realidad: las citas malas pueden ser tan espantosas que no queremos volver a intentarlo nunca jamás, pero cuando encontramos al hombre que nos enloquece, sabemos que valió la pena.

Capítulo 4

Coma de manera intuitiva

Son las dos y media de la tarde, y su cuerpo, al parecer, le ha declarado la guerra. No puede concentrarse, le duele la cabeza y se le retuerce el estómago. ¿Por qué será? Si desayunó bien. ¡Huy! Un momento, en vez de eso, paró en la cafetería y se bebió un café de camino a la oficina. Bueno, pero almorzó... Hm, veamos, esa comida para calentar en microondas solo contenía 260 calorías. Sería fácil ir a la máquina expendedora, pero como se está portando bien, se limitará a llenar su leal botella de agua o comprar un refresco dietético y aguantar. ¡La comida es para los débiles!

Vaya, qué actitud *más* saludable.

No obstante, es así como millones de mujeres estadounidenses afrontan su alimentación diaria. A pesar de que las dietas no funcionan. A pesar de que hacer dieta y padecer un trastorno alimentario es casi lo mismo. Cuando una persona delgada limita obsesivamente las calorías que consume y hace ejercicio de manera compulsiva, a eso se le llama anorexia, pero cuando una persona gorda hace lo mismo, se le llama "cuidar bien de su cuerpo". Nuestra obsesión por *encogernos* —un término desagradable, pero al menos sincero— hace que la gente asuma el hambre como algo opcional.

Mejor dicho: si no comemos, nos morimos. Por eso, el cuerpo ha desarrollado una señal pequeña pero práctica para indicarnos que el cuerpo necesita energía. La señal es el hambre; la energía, la comida. Y cuando mandamos a callar el hambre es cuando aparecen los divertidos síntomas de la disminución del azúcar en la sangre. ¿Que no está de acuerdo? Sáltese el desayuno, almuerce una de esas diminutas comidas dietéticas y luego pregúnteles a sus colegas (pero a los sinceros, los que no le tienen miedo) si creen que debería comer algo, refunfuñona.

Por tanto, es para nosotras un honor presentarle, sin costo alguno (si está leyendo un ejemplar de la biblioteca u hojeando este capítulo en una librería), el régimen dietético vitalicio de Harding & Kirby: coma lo que su hambre le pida y cuando se lo pida, y pare cuando se llene. Punto.

Desde ya podemos oír sus objeciones, y las responderemos en un minuto. Pero primero vamos a contarle un par de cosas sobre este régimen.

Sigo con hambre

Debemos confesar que el régimen dietético vitalicio de Harding & Kirby no es algo que se nos haya ocurrido solo a nosotras. En realidad se llama alimentación "intuitiva" o "a demanda" (que, según tenemos entendido, es un método generalizado para alimentar a los bebés), y significa aprender a interpretar las señales que nos envía el cuerpo y comer algo para satisfacerlas.

También significa que no hay alimentos buenos o malos. Si quiero una manzana, debería comerme una manzana. Si quiero una galleta, debería comerme una galleta. Pero lo que no debería hacer es comerme una manzana si quiero una galleta solo porque pretendo ser virtuosa. La autoprivación no tiene nada de virtuoso, a no ser que pertenezca a una orden religiosa que exija ese tipo de comportamiento; e incluso ellos se mostrarían horrorizados por la autoabnegación de quienes hacen dieta.

Comer cuando tenemos hambre hasta quedar satisfechos se ha convertido en un acto radical. No podemos ir a ningún lado, incluyendo a muchos restaurantes, sin estamparnos con un montón de opciones "saludables" que son todo lo contrario. Desde los refrigerios de cien calorías que venden en las tiendas hasta los menús con una sección especial de la dieta del doctor Atkins, por todas partes se nos inculca el mensaje de que no podemos confiar en nuestra hambre. Cualquier persona —sea un doctor, un asesor nutricional para adelgazar o el fabricante de algún alimento procesado— debe encargarse de decirnos qué y cuánto comer, porque, abandonados a nuestros recursos, lo hacemos todo mal.

Qué curioso que sea precisamente la industria dietética la que nos produce desconfianza. El hambre no nos ha llevado aún por el camino errado.

¿Sigue sin entenderlo? Pues bien, como escritoras de blogs, creemos que lo mejor es ofrecer una lista de preguntas que suelen plantearse con frecuencia.

1. ¿Cómo? ¿Qué? ¿Comer de manera intuitiva?

Comer de manera intuitiva es, en su forma más sencilla, comer lo que quiere cuando tiene hambre. Desde el punto de vista de nuestra cultura dietética, la consecuencia más revolucionaria de este enfoque es que no hay comida *buena* o *mala*. Solo existe la comida. Y aunque la página web IntuitiveEating.com tiene ciertos aires de nueva era, con sus fotos de flores y demás, es una buena introducción al tema. De hecho, citaremos nuestra parte favorita:

> Rechace la mentalidad dietética: deshágase de todos los libros y artículos que ofrecen falsas esperanzas sobre cómo adelgazar de manera rápida, fácil y permanente. Enfurézcase por las mentiras que la han llevado a sentirse fracasada cada vez que una nueva dieta deja de servirle y recupera los kilos perdidos. Y si aún guarda una mínima esperanza en que una dieta mejorada la está esperando a la vuelta de la esquina, esto le impedirá encontrar la libertad necesaria para redescubrir la alimentación intuitiva.

¡Hay que enfurecerse, señoras!

2. ¿Qué pasa si solo quiero comer cosas malas?

Una vez más: no existe la comida buena o mala. Un aspecto delicado de la transición a la alimentación intuitiva es que, al principio, la libertad puede enloquecernos un poco. En cuanto las golosinas dejan de estar prohibidas, quizá no queramos comer nada más. Incluso puede que sea el único mensaje que recibamos de nuestro cuerpo, y esto puede hacernos dudar de todo el asunto.

Pero esto no sucede porque las golosinas (tortas/pizzas/papitas fritas/etc.) sean realmente tan maravillosas, o porque nuestro cuerpo no sepa qué quiere. Es porque no hay nada más delicioso que lo prohibido. Y convencer al cuerpo de que realmente no hay —o debería haber— alimentos prohibidos es, muy probablemente, la parte más difícil del régimen dietético vitalicio de Harding & Kirby. Estamos programados para creer no solo que el brócoli es bueno y el helado es malo, sino que el brócoli nos hará mejores personas, y el helado, peores. Por tanto, es importante recordarse, una y otra vez, que esto es *mentira*.

Para empezar, el helado contiene proteínas, calcio y vitamina A. Si usted tiene un nivel bajo de azúcar en la sangre, su cuerpo recibirá con gusto los carbohidratos. Y si tiene mucha hambre, también recibirá con gusto la grasa. ¿Esto quiere decir que el helado es *bueno*? No. Quiere decir que el helado es comida, la cual es moralmente neutra. Comer helado no equivale, en cuestiones de salud, a echarse un trago de ácido de baterías, por más que los asesores dietéticos insistan en hacerle creer que sí. El helado da energía al cuerpo, y si en un momento dado lo que su cuerpo necesita es una buena dosis de calcio o proteína, entonces, en ese momento, el helado será una mejor opción que el brócoli.

3. ¿Y si solo me dan ganas de comer cosas "malas"?

Al empezar a comer de manera intuitiva, muchas personas tienden a buscar las comidas que han aprendido a ver como "malas" porque, de repente, tener permiso de comerlas (¡como si los adultos necesitáramos autorización para comer!) resulta muy emocionante.

Pero eso pasa. Porque la clave del asunto está en aprender a oír nuestro cuerpo. Solo debe confiar en que, con el tiempo, su cuerpo le dirá: "Estoy harto de helado, ahora quisiera algo de verdura o de fruta". Y lo hará. Se lo juramos.

Esto nos lleva a nuestro consejo de cabecera con respecto a la mayoría de las preguntas sobre la alimentación intuitiva: déjelo fluir y coma lo que su hambre le pida. Con el tiempo, aprenderá a entender los mensajes de su cuerpo y descubrirá que se siente mejor si les presta atención. Es un proceso que no tiene un límite de tiempo definido.

4. ¿Y si nunca sé qué quiero comer?

Una vez se haya comprometido con la alimentación intuitiva, esta es una de las partes más difíciles. A veces uno está segurísimo de que quiere pollo en salsa, y ahora mismo. Pero hay otras en que sabe que tiene hambre y debería comer, pero…

En ese momento, hay que dejar de jugar al qué-quiero-comer. Es normal no saberlo siempre. Lo importante es saber que tiene hambre y comer algo. Algo sencillo, algo que sepa que la dejará satisfecha. A lo mejor se dará cuenta, a mitad de camino, de que lo que quería era algo completamente diferente. Entonces aprenderá de la experiencia y la tendrá en cuenta la próxima vez que sienta hambre.

5. ¿Y si no me da hambre?

Marianne era —y sigue siendo a veces— un desastre en este sentido. En el apogeo de su trastorno alimentario se saltaba comidas durante días porque simplemente no sentía hambre. De solo pensar en comida, se enfermaba. ¡Por supuesto! Llevaba días matándose de hambre, e introducir en su organismo la típica comida de estudiante universitaria se traducía en un trastorno intestinal.

Kate, por su parte, no se daba cuenta de la frecuencia con la que le daba hambre hasta que empezó a practicar la alimentación intuitiva. Desde el bachillerato, su desayuno consistía en una taza de café, y había llegado a considerarse como alguien a quien "no le da hambre por la mañana". Mentira. Sí le daba hambre, pero hacía caso omiso de ella. Lo que implicaba que llegaba al almuerzo con un apetito voraz y el único mensaje que recibía de su cuerpo era: "¡Lléname de inmediato!". Ahora, al desayunar avena con frutas, un *bagel* o un verdadero *Egg McMuffin*, a la hora del almuerzo siente ganas de una buena variedad de alimentos y no la mayor cantidad posible de grasa en el sistema de entrega más rápido posible. ¡Oh, sorpresa!

Cuando empezamos a comer con regularidad, nuestro cuerpo empieza a esperar la comida. Ahora, las dos sabemos cuándo llevamos demasiado tiempo sin comer, porque a nuestros cuerpos les da el soponcio. Y bien *podríamos* aguantárnoslo, claro, pero ¿por qué querríamos hacer eso? ¿Y usted?

6. ¿Cómo puedo antojarme de cosas que no he comido nunca? / ¿Qué pasa con la variedad?

La respuesta breve y sencilla es la siguiente: probamos cosas nuevas. Las probamos cuando están ahí, cuando ensayamos una nueva receta o cuando tenemos ganas de innovar. La alimentación intuitiva no significa sentirse extasiado por todas y cada una de las cosas que comemos, o seguras de que eso es exactamente lo que nuestro cuerpo deseaba; significa comer lo que nos suena bien cuando sentimos hambre. Y, para nosotras, muchas cosas que no hemos comido nunca pueden sonar bien, sobre todo si vienen acompañadas de otros manjares conocidos.

Algunas personas son más intrépidas que otras, y cualquier extremo del espectro (y todo lo que está en medio, por supuesto) es válido. Es probable que usted no sienta antojo de las cosas que no ha probado antes, pero dado que no todas las comidas van a responder a la fórmula del "quiero esto, más esto, más esto", hay muchas posibilidades.

7. ¿La alimentación intuitiva me ayudará a perder peso?

Tal vez sí, tal vez no. La alimentación intuitiva no está pensada para influir en el peso de un modo deliberado. Alguien podría decir que está comiendo de manera intuitiva con la intención de adelgazar; pero, sinceramente, dada la radical desconexión filosófica entre lo uno y lo otro, no sabemos cómo funcionaría. Las dietas para perder peso consisten en reglas y restricciones; la alimentación intuitiva consiste en librarse de ese tipo de cosas.

Si usted ha estado comiendo en exceso y de manera consistente hasta ahora, es posible que haya superado su rango de peso y que, después de un tiempo comiendo de manera intuitiva, vuelva a su rango. Pero ese rango es, fundamentalmente, lo que es; y es de una terquedad tremenda. Tendría que comer mucho para quedar por encima de ese rango, y más o menos matarse de hambre para quedar por debajo. Y a no ser que en este momento esté a dieta o atiborrándose de comida, es probable que esté en algún punto dentro del rango que su cuerpo cree que está bien para usted; lo que significa que una pérdida de peso considerable es poco probable.

Es más o menos así: ¿alguna vez ha conocido a uno de esos occidentales a los que les da por practicar el budismo como pasatiempo y se definen como una "persona muy religiosa con una comprensión profunda de la filosofía oriental"? ¿Y aunque usted sabe que el budismo consiste esencialmente en liberarse de las ataduras mundanas, esos occidentales insoportables insisten en cómo les ha cambiado la vida —su vida particularmente mundana— para mejor? Pues bien, asumir la alimentación intuitiva pensando en adelgazar es parecido a convertirse al budismo con la esperanza de que la tranquilidad y comprensión recién descubiertas le ayuden a conseguir un ascenso en el trabajo y así poder comprarse una casa. No se trata de conseguir algo que no se tiene, se trata de aceptar y sentirse bien con lo que se es.

8. ¿Cómo voy a costearlo?

Nuestras cuentas de supermercado han disminuido desde que empezamos a comer de manera intuitiva, pues ya no gastamos tanto dinero en alimentos que no vamos a comer y gastamos menos dinero en restaurantes. Simplemente vamos a la tienda con mucha más frecuencia. (Está bien, Marianne va más a la tienda; Kate sigue pidiendo a domicilio.)

Sin embargo, la alimentación intuitiva puede ser algo casi inaccesible para quien tenga muy poco dinero, pues lo que el cuerpo desee no siempre será lo que pueda pagar. No creemos que esto sea un defecto del concepto de la alimentación intuitiva, sino de nuestra sociedad, a muchos niveles. Si en su barrio no hay una tienda de comestibles —como sucede en muchas comunidades de bajos recursos—, el hecho de poder comprar o no un aguacate no viene al caso.

Seguramente hay maneras de incorporar la alimentación intuitiva en un presupuesto limitado, pero sabemos que puede ser difícil. Numerosos lectores nos han contado que les encantaría comer de manera intuitiva, pero que a veces no pueden comprar cosas muy distintas a arroz, pasta y mantequilla de maní. Por tanto, solo podemos ofrecer nuestro mejor consejo sobre la comida, el ejercicio, el amor y la vida en general: haga lo que pueda con lo que tiene y no se flagele por hacerlo "mal".

9. ¿Cómo voy a hacer todo esto con mi pareja/familia?

¿Usted come todas y cada una de las comidas del día con alguien más? Si su respuesta es afirmativa, puede resultarle un poco difícil. Pero gracias a la magia del compromiso y el pensar en la comida de otro modo, puede lograrlo. Si su respuesta es negativa, también puede tener sus dificultades, pero no tanto.

Como hemos dicho, no todas las comidas serán una revelación. A veces sentirá ganas de algo "crujiente" o "en salsa" o "picante" o "de comer con las manos", o cualquier cantidad de vaguedades, y en algún punto intermedio encontrará algo que la satisfaga tanto a usted como a su pareja, e incluso a sus hijos.

Pero seamos realistas: alimentar a los hijos suele ser una lata, a no ser que sea de las mamás tipo "¡O te comes lo que he preparado o te vas a la cama sin comer!". Como hemos observado que ese tipo de crianza no está muy de moda por estos días, daremos por supuesto que está sufriendo de solo pensar en lo que va a darles a sus hijos sin matarlos de hambre, atiborrarlos de comida o enfermarlos.

A veces, como hemos dicho, la respuesta es: ceder. Es más difícil cuando se tienen hijos que si se trata de dos adultos que bien pueden ceder o hacerse su propia comida. Por supuesto que nadie quiere preparar cuatro comidas distintas, pero si está de acuerdo con lo que estamos diciendo, querrá enseñarles a sus hijos a comer de manera intuitiva, es decir, enseñarles a ser conscientes de su hambre y satisfacerla. Eso no significa decirles que *en realidad* están sedientos o aburridos o cualquier cosa cuando le dicen que tienen hambre. Si su hijo solo quiere comer pasas durante toda una semana, y usted tiene una buena provisión en la despensa, permítale ver qué sucede cuando uno solo come pasas toda la semana (Marianne puede hablar desde su experiencia de infancia: nada bueno). Enseñarles a sus hijos a comer de manera intuitiva significa confiar en lo que ellos dicen sobre sus experiencias con la comida. Respete su hambre. Respete el hecho de que el hambre de ellos es distinta a la suya.

Pero, al mismo tiempo, si todos los miembros de la familia están de acuerdo con cenar una cazuela de atún, aun cuando no todos se mueran por ese plato, está bien. No todas las comidas tienen que ser perfectas o memorables. Solo tienen que satisfacernos.

10. ¿Y si soy una persona comprometida con una alimentación ética/local/vegetariana?

¡Genial! ¡Usted es mucho mejor persona que nosotras! Y también puede comer de manera intuitiva.

La alimentación intuitiva no significa quedar ciegamente a merced de sus antojos. Usted es una persona adulta que puede tomar decisiones. De modo que si su cuerpo desea un bistec jugoso, pero usted es vegetariana radical, no tiene que salir corriendo a comerse un bistec. Pero debería comer muchas verduras con alto contenido de hierro. A veces deseamos cosas que nuestro cerebro asocia con determinados alimentos cuando en realidad deseamos un nutriente en específico.

Y a veces, de nuevo, simplemente hay que ceder. Kate, quien vive en Chicago, es fanática de los mercadillos agrícolas del verano, y durante los meses fríos se contenta con las frutas importadas y las verduras congeladas. Todo depende de uno mismo. Solo hay que recordar la regla número uno: haga lo que pueda con lo que tiene, y no se flagele.

11. ¿Y si no puedo parar de comer?

He aquí una pregunta complicada. Podría deberse a muchas cosas, algunas de las cuales quizá no estemos en capacidad de diagnosticar. Por tanto, responderemos la pregunta sobre el supuesto de que usted no padece un trastorno alimentario compulsivo; lo cual es muy distinto a darse una que otra comilona que la obligue a desabrocharse el cinturón. Si cree que padece un trastorno alimentario compulsivo, puede encontrar más información en el Centro Nacional de Información de la Salud Mental (nmhicstore.samhsa.gov/espanol/default.aspx) o en la Asociación Nacional de Trastornos Alimentarios (nationaleatingdisorders.org/neda-espanol).

Si no es el caso, es probable que solo tenga miedo de no poder parar de comer... y es probable que se equivoque.

Descubrir qué queremos comer y cuánta hambre tenemos después de toda una vida de oír que siempre tenemos demasiada hambre y deseamos los alimentos equivocados, es una lata. Como hemos dicho, nosotras dos seguimos luchando con ello: el miedo a la privación, la obsesión de la comida "buena" y "mala", y la idea de que cada comida debe estar compuesta por representantes de todos los grupos de la pirámide alimentaria. Aprender a oír las señales de nuestro cuerpo y no las voces que resuenan en nuestra cabeza significa un gran esfuerzo consciente, pero se hace más fácil con el tiempo.

Quizá el mejor modo de dejar de sentir que va a devorarse el mundo entero es lanzarse a hacerlo, pues lo primero que descubrirá es que no puede. Luego se dará cuenta de que tampoco quiere. Y una vez haya llegado a ese punto, es probable que empiece a comprender sus señales internas de hambre.

12. ¿Por qué es tan difícil?

Porque significa que tenemos que asumir la responsabilidad de nuestras decisiones con respecto a la comida en lugar de dejarlas en manos de los "expertos". Porque estamos desconectados de nuestra propia hambre y sus señales. Porque se requiere tiempo, energía y esfuerzo para encontrar y preparar los alimentos, pues aunque sepamos que *debemos* comer, quizá sintamos resentimiento hacia el proceso. Porque se requiere creatividad y compromiso para comer de manera intuitiva, sobre todo si tenemos familia. Por el modo como nuestra sociedad nos ha enseñado a relacionarnos (o no) con la comida. Porque significa que realmente podríamos disfrutar nuestra comida cuando se nos ha estereotipado como gordos y glotones. Por toda clase de razones.

Pero es mejor que la alternativa, es decir, actuar como si necesitáramos un doctorado en nutrición para alimentarnos decentemente. Nuestros cuerpos son más sabios de lo que les concedemos, y es hora de darles su merecido crédito.

SEGUNDA PARTE

Salud mental

Capítulo 5

Si cree que está deprimida, busque ayuda

A veces nos sentimos tristes, sencillamente. Tristes y gordas y horribles y que no vale la pena cuidarnos. Todas hemos tenido esos días en que salir de la cama es un trabajo hercúleo, y lograr hacer algo es el doble de difícil. En días así, a Marianne le gusta comprarse un nuevo brillo de labios o meterse en una tina caliente a leer una novela romántica. A Kate le gusta salir con sus amigos, hacer yoga o simplemente quedarse en cama, lamentándose. (Pues sí, a veces sirve.)

Pero algunos días no son tan fáciles. Y cuando estos días se convierten en semanas y luego meses, puede haber una depresión de por medio.

Según el Instituto Nacional de la Salud Mental, cerca de 20,9 millones de estadounidenses padecen algún trastorno anímico como depresión mayor o menor, o trastorno bipolar. Y estos trastornos pueden hacer que sea aún más difícil pensar de manera positiva y cuidar de sí misma, pero si ya está luchando con asuntos relacionados con su imagen corporal, el pensamiento negativo fomentado por la depresión puede llevarla rápidamente al odio a sí mismo.

Además, el letargo, la apatía y los trastornos de sueño —todos ellos síntomas de depresión— dificultan el funcionamiento, por decir lo menos. Cuando todo parece ir mal en la vida (y por su culpa, por ser tan espantosa), tratarse bien a sí misma queda relegado al último plano. Y es casi imposible luchar contra el mensaje social de que su cuerpo es un desastre cuando su propio cerebro le envía ese mismo mensaje. Por eso, si cree que está padeciendo un trastorno anímico como el de la depresión, es importante buscar ayuda. Ya tiene suficiente con qué lidiar en su paleta mental como para añadirle la diversión extra que implica un desequilibrio químico.

Kate tuvo su primera cita con un psicólogo cuando tenía dieciséis años, y tanto este como posteriores doctores estuvieron de acuerdo en que sufría de depresión. Desafortunadamente, al ser psicólogos y no psiquiatras, no podían recetarle ninguna medicación, y tampoco estaban seguros de que la necesitara. Kate es una persona reactiva; cuando las cosas van bien, tiene muy buen ánimo, pero cuando está estresada, puede sumirse rápidamente en un profundo desánimo. Durante mucho tiempo, tanto ella como su terapeuta suponían que se trataba simplemente de una depresión situacional y no que tuviera un desequilibrio químico permanente. Hasta que, a los 31 años, cansada de recaer en esos ánimos oscuros, decidió ensayar con un antidepresivo.

Y, bueno, digámoslo así: tras años de andar a la deriva y soñando con dedicarse a escribir, y dos años después empezar el tratamiento con antidepresivos, fundó un blog que atraería diariamente a miles de lectores y gran atención de los medios, entró en la nómina de una de sus revistas de Internet preferidas (salon.com), consiguió una agente literaria y, ¡ah, sí!, vendió el libro que usted tiene en sus manos (con una ayudita de Marianne). No a todo el mundo le sirven los antidepresivos —y en los casos en que sí funcionan, encontrar el adecuado puede requerir un poco de ensayo y error—, pero tratar la depresión puede acabar con una gran cantidad de obstáculos que le impiden sentirse como la mejor versión de sí misma.

A Marianne, por su parte, se le diagnosticó un trastorno bipolar tipo II. Una de las características distintivas de este trastorno son los ciclos, es decir, que a veces se sentía genial y a veces... no tanto. Durante los periodos hipomaniacos, estaba productiva, enérgica, creativa y muy activa. Durante las fases depresivas... no tanto.

¿Puede imaginarse cómo variaba, junto con sus ánimos, su imagen corporal?

El tratamiento le ayudó a pensar de manera racional sobre su imagen corporal y le permitió empezar a superar el odio a su cuerpo. Y aunque todavía sigue teniendo que lidiar con ello cuando la depresión entra en escena, ha logrado construir los cimientos y es consciente de que se trata de algo temporal.

¿Cómo saber si está deprimida?

Según la cuarta edición del *Manual de diagnóstico y estadísticas de los trastornos mentales*, si experimenta los siguientes síntomas —sobre todo alguno de los dos primeros—, es probable que esté deprimida. Si se siente reflejada al leer la lista, debería llamar a su médico. (Y si tiene sentimientos suicidas, por favor dígaselo a alguien, a cualquiera.)

- Sentimientos de tristeza o una aparente incapacidad de sentir emociones (desolación).
- Disminución en el placer o el interés experimentado en todas, o casi todas, las actividades diarias.

- Cambios de apetito y una marcada pérdida o subida de peso.
- Trastornos de sueño, tales como insomnio, perturbación del sueño REM o somnolencia excesiva (hipersomnia).
- Fatiga mental o física; pérdida de energía.
- Sentimientos profundos de culpa, nerviosismo, impotencia, desesperanza, desprecio, aislamiento/soledad y/o ansiedad.
- Dificultades para concentrarse, tomar decisiones o una ralentización generalizada del pensamiento, incluida la memoria.
- Pensamientos recurrentes de muerte (no solo temor a la muerte), deseos de "acostarse y morir" o "dejar de respirar", pensamientos suicidas recurrentes sin un plan específico, un intento suicida o un plan específico para cometer suicidio.

Un último aspecto acerca de la depresión y la imagen corporal. Sentirse fatal en general, no solo con respecto al cuerpo, puede producir deseos de hacer dieta, incluso si uno sabe que no es una solución a largo plazo para casi nada. Hacer dieta es difícil, pero comparado con muchas otras cosas —como sobrellevar el estrés laboral o familiar, intentar arreglar una relación fracasada o dar los pasos necesarios para buscar ayuda ante sospecha de depresión—, es bastante fácil, o digamos que sencillo. Con la dieta, nos dan un plan, lo seguimos, vemos resultados. Al principio. Si usted está furiosa consigo misma por ser gorda, perder peso puede ayudarle a sentirse mejor y así mejorar su imagen corporal. Al principio. También le hace sentir que ha asumido el control de, por lo menos, una parte de su vida. Al principio.

Por lo tanto, cuando todo anda mal, hacer dieta puede parecer una atractiva panacea. Como señalan S. C. Wooley y D. M. Garner —dos importantes investigadores que han estudiado y escrito acerca de la ineficacia de las dietas—, en el *Journal of the American Dietetic Association* en 1991:

> Los pacientes obesos suelen verse estimulados a creer que adelgazar es un modo adecuado de combatir la depresión, salvar un matrimonio fracasado o aumentar las posibilidades de éxito profesional. La irracionalidad de las esperanzas asociadas con la pérdida de peso es tan sorprendente que hacer dieta puede llegar a identificarse con un comportamiento supersticioso. [...] Pasar de la infancia a la adolescencia, dejar la casa paterna, casarse, empezar un nuevo trabajo, tener un hijo, experimentar dificultades maritales, la experiencia del nido vacío y envejecer, todas estas situaciones pueden convertirse en razones para hacer dieta. En otros casos, la preocupación por el peso oculta problemas mucho más serios.[1]

Muchas personas gordas (e incluso no tan gordas) creen, hasta cierto punto, que sus problemas se solucionarán si tan solo pierden un poco de peso; esto las hará, automáticamente, más sanas, orgullosas y felices. Pero si usted padece depresión clínica, adelgazar no la sacará de allí. Por eso hemos dedicado todo un capítulo al tema. Cerca de un 9,5 por ciento de la población (la cantidad de estadounidenses que se cree que padecen trastornos anímicos) puede parecer una cifra baja, pero nosotras conocemos a muchísimas personas, tanto personalmente como entre nuestros lectores, que han vivido años sin tratar sus depresiones porque creían que serían felices si no fueran tan gordas. La delgadez no le traerá la felicidad, pero examinar los problemas que van más allá de la "depre" bien podría hacerlo.

Capítulo 6

Busque médicos que muestren una actitud positiva hacia el cuerpo

La época favorita del año para Marianne no es una estación o un feriado. A ella le fascina su revisión oftalmológica anual, y no porque le encante que le pongan gafas nuevas.

No, a Marianne le gusta ir adonde el oftalmólogo porque, durante años y años y más años, este era el único doctor que no mencionaba su peso. ¿A alguien se le ha ocurrido echarle la culpa de la gordura al astigmatismo? (¡Huy! Tal vez no deberíamos dar ideas.)

Por desgracia, no basta con ir al oftalmólogo. Todos tenemos que ir adonde otros médicos, de los que nos toman la presión arterial y nos oyen el corazón y suelen decir: "¿Qué vamos a hacer con tu peso?", como si en realidad fueran a participar en el proceso de "hacer algo" al respecto.

Marianne se resistía hasta hace poco. En su última visita al doctor, el tipo le dijo que una pequeña cabeza de brócoli debía alcanzarle para cenar durante toda una semana, aun cuando no estaba comiendo mucho más. Porque, como bien sabemos todos, las dietas de inanición son lo más saludable. (Además, después de una semana, ¿no quedaría hastiada de comer brócoli?) Marianne no solo no volvió donde ese doctor, sino que no volvió donde ningún otro (aparte del oftalmólogo).

A propósito, este no es un modo adecuado de asumir la salud.

Adelantemos varios años: Marianne está más enferma que nunca. ¿Recuerda la historia que contamos en el capítulo del ejercicio, la de Marianne sentada en la ducha, a media noche, preguntándose si debería ir a urgencias? El asma y las alergias habían llegado a ese punto porque la idea de ir al médico le resultaba aún más terrorífica que dejar de respirar. Le aterrorizaba que la regañaran, que le echaran la culpa de sus alergias a la gordura (lo que ya había sucedido antes) y que el doctor no se tomara en serio su caso.

Tengo miedo

Si la idea de ir donde un nuevo médico le produce el mismo pánico que a Marianne, usted no está loca. El maltrato de los médicos a las personas gordas es algo increíblemente común. En 2003, las investigadoras de la obesidad Kelly Brownell y Rebecca Puhl analizaron diversos estudios que pretendían medir la discriminación basada en el peso por parte de los profesionales de la salud, y desvelaron "actitudes explícitamente negativas hacia la obesidad entre médicos, enfermeras, dietistas y estudiantes de medicina. Estas actitudes incluyen: las personas obesas carecen de autocontrol y son perezosas, la obesidad es producida por defectos de personalidad, y la dificultad para adelgazar se debe únicamente a una incapacidad de cumplimiento".[1]

En otro estudio, el 24 por ciento de las enfermeras encuestadas indicó sentir "repulsión" ante los pacientes obesos. Y un estudio basado en la prueba de asociaciones implícitas —una herramienta usada para determinar prejuicios inconscientes— reveló que incluso los doctores que exteriormente no parecían albergar sentimientos negativos hacia las personas gordas también podían albergar estereotipos en el fondo, es decir —en palabras de Brownell y Puhl—, "las actitudes sociales antigordura son tan penetrantes, que incluso quienes se dedican a tratar la obesidad no son inmunes a ellas, aun cuando deseen evitar el prejuicio".

Cuando hay una posibilidad entre cuatro de que la enfermera que tiene que pesarnos nos encuentre repulsivos y de que el médico que nos reciba tienda a pensar que somos perezosos e incapaces de controlarnos (incluso si no se cree prejuiciado), la visita al doctor se convierte en algo más que una verdadera lata.

Puede ser un riesgo emocional.

También puede ser un riesgo físico. En el año 2007, Kate fundó, junto con otras personas, una página web llamada "Primero, herir: historias reales sobre el prejuicio ante la gordura en la asistencia médica" (fathealth.wordpress.com [en inglés]), a la que los lectores envían sus experiencias de negligencia, maltrato e incredulidad por parte de médicos que no pueden ver más allá del peso. Algunas de estas anécdotas hacen que la de Marianne parezca bastante inocua. Por ejemplo:

- Una mujer que aumentó treinta kilos —un tercio de su peso corporal— en un año y a quien los médicos le dijeron que debía estar comiendo demasiado y haciendo muy poco ejercicio. Punto. Resultó que tenía un tumor en la tiroides.
- Una mujer que nada y alza pesas con regularidad y fue al médico porque le dolía mucho la espalda. El doctor le echó la culpa a su peso y le recetó hacer dieta y más ejercicio. La mujer redujo drásticamente la ingesta de calorías (para enton-

ces estaba demasiado adolorida como para hacer ejercicio), pero también decidió ir donde un fisioterapeuta, quien sí le prestó atención y encontró el verdadero problema: se había desgarrado un músculo y su espalda se había asegurado, en sus propias palabras, de obligarla a acostarse y recuperarse.

- Una mujer a la que una enfermera le entregó un folleto de Weight Watchers mientras esperaba en urgencias con apendicitis.
- Una mujer con síndrome de ovario poliquístico —cuyos síntomas incluyen el aumento de peso—, a la que un experto en fertilidad le dijo que "sería poco ético" ayudarle a quedar embarazada, a no ser que bajara de peso.

Todas estas historias son muy comunes. A las personas gordas no se nos permite tener las mismas enfermedades normales o los accidentes de las personas delgadas. Incluso si nos hacemos daño haciendo ejercicio, o si nos manchamos de helado, pues bien, es porque somos gordos y torpes. Receta médica: adelgazar. A veces pareciera que este es el único remedio que puede ofrecer un médico o, indefectiblemente, la receta inicial, sin importar cuál sea la afección del paciente.

Como si no fuera suficiente, a las personas gordas se les niegan operaciones de transplante, sustitución de articulaciones y cirugías opcionales porque, según se piensa, practicar esas intervenciones sería una pérdida de tiempo y/o demasiado difícil.[2] En 2007, a una británica llamada Anjelica Allan se le negó una sustitución de cadera por tener tres kilos de "sobrepeso" y una estatura inferior al promedio. (Por fortuna, el escándalo mediático hizo que el Lincolnshire Primary Care Trust se avergonzara y admitiera que negaba operaciones a personas con un índice de masa corporal superior a 30 simplemente para reducir costos; después de un tiempo, Allan obtuvo su nueva cadera.[3]) Nadie dice cómo deben adelgazar las personas que padecen dolores atroces en las articulaciones —sobre todo quienes deben perder mucho más que tres kilos—, cuando sus discapacidades les impiden hacer ejercicio. ¿Matándose de hambre, al parecer?

¿Y las personas que necesitan transplantes de órganos? ¿Realmente creemos que se dedicarán al gimnasio con un fervor renovado después de decirles que no se les puede practicar una cirugía que podría salvarles la vida? ¿Acaso hay una versión dietética de la alimentación intravenosa? En vez de que los médicos aprendan nuevas técnicas para operar en cuerpos gordos, por ejemplo, o estudien por qué los pacientes obesos son más propensos a experimentar resultados desfavorables tras las cirugías (razones que suelen esgrimirse al cederle un riñón a una persona delgada que está más lejos en la lista de espera), si queremos merecer un tratamiento adecuado, nos corresponde perder peso. Una asistencia sanitaria completa, por supuesto, es algo que debemos ganarnos, y hay demasiados médicos que piensan que las personas gordas no se esfuerzan lo suficiente.

No es de extrañar, entonces, que un estudio mencionado por Brownell y Puhl descubriese que "más del 12 por ciento de las mujeres indicó que postergaban o cancelaban las citas médicas por cuestiones de peso. Además, el 32 por ciento de las mujeres con un índice de masa corporal superior a 27 y el 55 por ciento de las mujeres con un índice de masa corporal superior a 35 postergaban o cancelaban las citas porque sabían que las pesarían. El motivo más común para postergar las citas era la *vergüenza por el peso*".[4] (El énfasis es nuestro.)

Usted no está loca, ni es tonta ni está sola si cree que ir al médico implicará, en el mejor de los casos, un humillante sermón sobre su peso y, en el peor, un trato inadecuado. Es un problema real.

Buscar un médico que muestre una actitud respetuosa hacia las personas gordas

Por supuesto que lo último que necesitamos cuando estamos tratando de hacer las paces con nuestro cuerpo es que alguien vestido de bata blanca nos diga que tenemos que hacer dieta. Pero he aquí la buena nueva: aunque no lo crea, muchos doctores son realistas en lo referente al índice de éxito de los planes para adelgazar, y cada vez son más los que practican y fomentan la propuesta de la salud para todas las tallas. (Ver capítulo 2.)

Después del horrible incidente en la ducha a media noche, Marianne tuvo suerte y finalmente encontró un alergista que se ocupó de sus alergias y le dio la seguridad necesaria para buscar un médico de cabecera y un ginecólogo. Ninguno de ellos le ha recomendado adelgazar. Ninguno le ha echado la culpa de sus afecciones a la gordura. Ninguno la ha tratado con nada distinto a amabilidad y respeto.

Pero ¿y usted? Si evita ir al médico porque cree que la regañará o, peor aún, porque cree que no se merece un buen trato, sí tiene opciones.

- **Primero, prepárese para buscar uno antes de necesitarlo**. Cuando nos atrapa una gripa espantosa y necesitamos atención desesperadamente, puede que nuestros estándares no sean los más rigurosos. De modo que empiece a buscar un médico cuando se esté sintiendo bien, tanto física como mentalmente.
- **Investigue un poco**. Pregúntele a sus amigos, sobre todo a sus amigos gordos, a qué doctores van y preste atención a sus respuestas. Si le recomiendan uno, pero también dicen cosas como “Solo me regaña de vez en cuando”, probablemente no debería pedirle cita a ese doctor.

- **Cuando llame al consultorio, hable con la enfermera o la persona que contesta al teléfono**. Pregúntele si allí apoyan la propuesta de la salud para todas las tallas. Averigüe acerca de la política del médico acerca de las dietas. Si tiene la sensación de que en ese consultorio no hay un ambiente de amabilidad y apoyo, es hora de llamar al siguiente médico de la lista.
- **Cuando haya encontrado al médico que parece adecuado, pida una cita**. Hable con él, plantéele todas las preguntas que le preocupan. Dígale que no quiere que la pese (si no lo desea) y observe su reacción. Quizá podría llevarle una carta en la que haya escrito sus preocupaciones y experiencias con otros doctores.
- **Una vez haya elegido un médico, siga exigiendo un trato de primera**. El doctor trabaja para usted. Si cree que desestima alguna de sus preocupaciones, dígaselo. Todos somos humanos, y no estamos diciendo que deba tener un arranque de indignación si le sugiere aumentar el consumo de vitamina C, pero recuerde que es deber del doctor tratarla a usted y a su enfermedad con seriedad.

Una vez haya encontrado a un buen médico, también es su deber tratarlo con seriedad. Si se ha hecho daño en la rodilla y el doctor le recomienda usar una férula porque su peso podría ejercer demasiada presión, es lo justo. Si necesita saber cuánto pesa para determinar la dosis correcta de alguna medicina, es hora de subirse a la balanza. (Siempre existe la opción de hacerlo de espaldas y pedirle que no le diga la cifra, si cree que esta podría enloquecerla.) Si el doctor le dice repentinamente que debería pensar en comer más verduras, pregúntele por qué razón en vez de reaccionar a la defensiva.

Ahora bien, en ocasiones vamos a dar al consultorio de doctores que parecen decentes, pero salimos de allí llorando. ¿Qué hacer en ese caso? En primer lugar, no regresar, y explicarle por qué al doctor. (Una buena regla general, a no ser que le hayan comunicado un diagnóstico devastador —¡y esperamos que nunca le suceda!—, es que no debería salir de un consultorio médico llorando.) Segundo, presentar una denuncia ante la junta médica. Puesto que se trata de un procedimiento específico, averigüe el modo de presentar ese tipo de denuncias en su localidad.

¿Recuerda al médico que sugirió que Marianne debía hacer una de esas dietas de inanición? Pues ella presentó una denuncia. Y aunque sabía que solo había una pequeña posibilidad de que lo sancionaran, valía la pena hacer el esfuerzo para alertar a futuros pacientes potenciales sobre las prácticas de ese doctor. Pues aunque uno no puede investigar las denuncias presentadas ante las juntas médicas para enterarse del historial de los médicos, cuando varias personas se quejan por el trato de un doctor, este debe ser investigado y sancionado. Y lo que sí puede averiguar en su junta médica local es si algún médico ha sido sancionado (y por qué motivos) en el pasado.

Nuestra voz es el arma más eficaz contra los médicos que nos tratan como basura. Si nos hacemos oír, ante las juntas médicas y entre nosotros, si denunciamos el trato discriminatorio y negligente, puede que algún día nuestros hijos o nietos no tengan que recibir folletos sobre cirugías para adelgazar cuando se les inflama la garganta.

EL ODIO A LA GORDURA MATA

por Barbara Benesch-Granberg

Nota: la madre de Barbara murió el 1 de mayo de 2007, y este texto fue escrito unos dos meses después.

Mi madre y yo tuvimos una relación muy difícil durante largo tiempo, y aunque no estábamos peleando cuando murió, tampoco nos hablábamos mucho, y eso es algo que me cuesta sobrellevar.

Pero la gente lo entiende. Por eso muchas personas han sido muy amables y me han tranquilizado, recordándome que, aunque no consiguiéramos hablar la una con la otra, ella sabía que yo la amaba tanto como yo sabía que ella me amaba.

Lo que más me cuesta sobrellevar es la ira.

Me cuesta incluso saber por dónde empezar, expresar esta furia ardiente que llevo dentro. Y lo que es aún más difícil es que en realidad no puedo hablar de ello con mucha gente. Lo he intentado, pero la mayoría de las respuestas que he recibido solo me enfurecen más.

Esto es lo que me tiene furiosa: mi madre está muerta no porque fuera gorda, sino por la manera como se la *trataba* por ser gorda.

Murió en casa, sola, a causa de un coágulo que se le hizo en una pierna y se le subió a los pulmones. El informe del forense dice que padecía de trombosis venosa profunda y que probablemente llevaba un tiempo lidiando con ello. Es más, este dijo que durante el último año, aproximadamente, los "ataques de asma" que mi madre no lograba apaciguar con el inhalador se debían a unos diminutos coágulos que le bloqueaban parte de los pulmones. Pero nadie sabía eso.

Mi madre era gorda. No es que pesara "un poco más de la cuenta". Era gorda. Medía 1,55 metros y su peso solía rondar los 130 kilos. Su talla oscilaba entre 26 y 30, dependiendo de los caprichos del estilo, corte, fabricante, etcétera. Mi madre fue gorda durante casi toda mi vida; nunca la conocí distinta. Era difícil para ella; sus hermanos y hermanas heredaron otra línea de la familia, por lo que son delgados y no les cuesta mantenerse así. Pero mi madre tenía la contextura de una matrona italiana. Ella salió a su abuela, quien era realmente una matrona italiana, y bueno... qué le vamos a hacer. Se volvió "rellenita" en el bachillerato y solo se engordó realmente después de cada uno de sus dos embarazos, y aún más al hacerse mayor y neutralizarse su metabolismo. Yo creo que ella veía a sus hermanos y se sentía "fuera de forma". Pero no en el sentido de la "forma física", sino "defectuosa, inadecuada, insuficiente".

Mi madre era de las que creen firme y verdaderamente que quien sigue las reglas obtiene una recompensa. Así lograría lo que quería y necesitaba. Solo tenía que seguir las reglas.

Excepto que, como la mayoría, le costaba seguir las reglas. Por tanto, como no podía seguir la regla que decía que debía ser flaca, se sentía profundamente avergonzada de sí misma y de su cuerpo. Llevaba esa vergüenza consigo a todas partes. Intentaba que no la detuviera, pero había épocas en que no podía evitarlo. Había épocas en que creo que lograba olvidarse de su gordura de algún modo e intentaba vivir su vida, para luego terminar chocando contra algún incidente azaroso que la devolvía a su "sitio".

Aun así, mi madre creía que si seguía las reglas, estaría bien. Evitaba que le tomaran fotos. Se esforzaba por recordar que debía usar ropa oscura y de un solo tono, aunque le fascinaba la moda y los colores vivos y, ay, Dios, ese vestido de lentejuelas que *tanto* le gustaba. Incluso en pleno furor de los ochenta, cuando estaba bien llevar esa clase de ropa, me parecía espantoso. Pero a ella le encantaba. Fingía que mi cara de asco no le importaba, y lo usaba de todos modos. Pero ahora, al recordarlo, pienso que probablemente herí sus sentimientos.

Mi madre era una persona que tenía los sentimientos siempre a flor de piel. Toda esa vergüenza que llevaba consigo por ser gorda, por haber quedado embarazada antes de casarse, por todas y cada una de las reglas incumplidas, todo lo que creía haber hecho "mal"... todo esto significaba que no había que esforzarse demasiado para herir sus sentimientos. Estaban ahí, expuestos, y solo se necesitaba una palabra, un suspiro o una mirada (y a mis diez años, yo era una campeona mundial en miradas torvas) para herirla.

Y con toda esa vergüenza y tan poco apoyo de su familia o su marido, cuando algo la hería, le costaba recuperarse.

Por tanto, cuando yo tenía unos once años y mi madre fue al médico por alguna dolencia, y este le dijo mordazmente que su problema era la gordura y que no regresara hasta que no hubiera perdido veinte kilos... pues esto la hirió, y mucho. Pero ella creía en las reglas. Entonces intentó hacer caso omiso del daño ocasionado y se concentró en hacer un esfuerzo extra para volver a seguir esas reglas.

Se inscribió en los Weight Watchers. Era la época en que uno tenía que comprar una balanza de cocina y pesar sus medias tazas de queso descremado y sus tres onzas de pechuga de pollo deshuesada, sin piel y cocida al vapor, o cualquiera de las atrocidades que les hacían perpetrar a sus clientes. Mi madre lo intentó. En realidad. Pero tenía una hija de once años y mirada torva, otra quejumbrosa hija de siete años y un marido al que no le importaba lo que hiciera con tal de que su dieta no significara que él también debía comer "esa porquería". Él quería su carne con papas, como siempre, y no había ningún problema si ella quería prepararse otra comida, pero más le valía que no costara mucho más de lo que ya estaba gastando en los condenados Weight Watchers.

Después de unos cuantos meses de muy poco éxito, renunció, por supuesto. Pero la maldita balanza de los Weight Watchers permaneció en el mesón de la cocina durante años, casi como una especie de reliquia sagrada. O a lo mejor debía ser una prueba, para cualquiera que viniera a casa, de que realmente lo había intentado. Había hecho el esfuerzo. Era casi como una suerte de pieza de exposición, una forma de mostrar que estaba debidamente avergonzada de su gordura.

Entretanto, al no poder cumplir la orden del doctor de adelgazar veinte kilos, mi madre cumplió la única parte de la regla que podía: no volver. Así, cuando se enfermaba o lastimaba y le sugerían que fuese al médico, no hacía caso. "Ay, me va a decir que estoy demasiado gorda. No se preocupen, es solo una gripa/torcedura/XYZ. No pasa nada."

Pero debo reconocer que no es que *nunca* volviera al médico. Sí que iba, pero solo cuando le tocaba. Y con "tocarle" me refiero a cuando todos insistían tanto que ya no encontraba excusas para librarse y terminaba yendo solo para quitárselos de encima. Y cuando mi hermana y yo crecimos y nos fuimos de casa y mis padres se divorciaron, ninguno iba a visitarla lo suficiente como para obligarla.

Pero solía ir de vez en cuando, y fue así como terminó con el inhalador que a duras penas le servía. Muchas veces, cuando mi hermana la visitaba, solía quedarse sin aire y resollando, hasta que mi hermana la obligó a ir al médico. Entonces pidió una cita y fue, pero llevando consigo toda su vergüenza por-ser-gorda e hizo su mejor esfuerzo para mitigar la atrocidad de su pecado (no había perdido veinte kilos; incluso había subido unos cuantos más): intentó no quitarle demasiado tiempo. Incluso fue con un posible diagnóstico en mano, gracias al historial de asma de sus hijas. No quería molestar demasiado, aunque, para entonces, habían pasado ya veinte años desde su último chequeo médico. Agradeció al doctor por recetarle el inhalador y no volvió a llamarlo nunca, aun cuando a veces no le servía de nada, pues no quería hacerle gastar su preciado tiempo en una incumple-reglas como ella.

Entretanto, puesto que el inhalador no le funcionaba bien, empezó a limitar sus actividades. El grupo de adultos solteros al que pertenecía solía organizar unos bailes que le encantaban. Y aunque no dejó de ir, se pasaba la mayor parte del tiempo sentada al margen o tomando fotos. Empezó a dar excusas para no hacer cosas con mi hermana y sus hijos (hacía tiempo que yo me había ido a vivir a otro estado), o si iba con ellos al zoológico, con frecuencia tenía que volver a casa antes o paraba para descansar constantemente. Durante su último año de vida, mi madre había renunciado a la mayoría de las actividades físicas saludables que solía disfrutar porque estaba fatal del "asma". Estoy segura de que algunos de esos ataques sí eran de asma, pero otras veces se quedaba sin aire porque sí, y eso nos desconcertaba a todos.

Pocos días antes de morir, mi madre se cayó en un estacionamiento. Supongo que se tropezó con algo. El forense dijo que eso debió de ser lo que produjo el coágulo que terminó por matarla. Está claro que si hubiera recibido una atención médica decente, hacía tiempo le habrían hecho el tratamiento adecuado y tal vez estaría viva ahora.

Pero bueno, el doctor le había dicho que no volviera hasta que no hubiera perdido veinte kilos, y le hizo caso. Ella confiaba en él. Él era el doctor, después de todo.

Espero que esté orgulloso de sí mismo. Sus palabras, hace más de veinte años, ayudaron a matar a mi madre, que pasó sus dos últimos días sufriendo, con dificultades para respirar, y no intentó buscar ayuda ni llamar a un doctor ni una sola vez.

Bueno, es que aún no había perdido esos veinte kilos.

Capítulo 7

No se obsesione si falta un día al gimnasio

De modo que ha encontrado un tipo de ejercicio que le gusta. Y como es divertido, lo está haciendo con regularidad. A lo mejor está yendo a los aeróbicos del martes y los jueves, o está saliendo a caminar con sus amigas todos los miércoles por la tarde. Quizás está yendo a bailar salsa los viernes por la noche.

Hasta que algo pasa. Porque siempre pasa algo. Tal vez tiene que trabajar hasta tarde. Tal vez se ha enfermado su hijo. Tal vez se ha hecho daño o simplemente no se siente bien. Y entonces no tiene tiempo para hacer ejercicio.

Hay dos posibles reacciones. La primera es muy común y es montarse en la montaña rusa de las culpas. Ay, Dios, como faltó a una noche de baile, ahora todo el esfuerzo se irá al garete porque usted es una perezosa despreciable.

Excepto que está haciendo esto por diversión, ¿lo recuerda? Lo que nos lleva a la segunda reacción posible, que es encogerse de hombros y sentirse triste por haberse perdido la clase de aeróbicos, pero comprender que a veces pasan cosas y que su no asistencia no tiene nada que ver con su valor como persona. No es un veredicto sobre su disciplina o su incapacidad de priorizar. Es solo una clase. O tres.

A veces suceden muchas cosas y tenemos que luchar por mantenerlo todo bajo control. ¿Es normal que tengamos que dejar en segundo plano algunas actividades para asegurarnos de pagar las cuentas y de que nadie quema la casa esta semana? No lo dude.

El problema, la razón por la que muchas mujeres se deciden por la primera opción es que, en nuestra sociedad, estar en forma es visto como una prioridad equiparable con asegurarse de que el hogar no explote. (Kate tiene otra queja por el hecho de que esto sea una prioridad esencial, pero por ahora se contendrá cortésmente.) Nuestro valor social como mujeres está determinado por nuestro aspecto físico, pero ¿cómo podemos mantenerlo si estamos demasiado ocupadas haciendo obras de arte o compartiendo tiempo con nuestros hijos? ¿Cómo podemos hacerlo todo?

Podemos empezar por respirar profundo y recordar algo muy importante: hacemos ejercicio porque es divertido. (Ya leyó ese capítulo, ¿recuerda?) No es un castigo ni un requisito para valer como personas. Hacemos ejercicio porque nos hace sentir bien. Sentirnos fatal por no ir un día al gimnasio es tremendamente contraproducente.

Un poco de todo

Muchas mujeres asumen una actitud de "todo o nada" frente al estado físico y la salud. Podemos verlo en lo que respecta a la comida, y también en lo que respecta al ejercicio. ¿Cuántas veces, cuando está a dieta, se ha dicho: "Ay, bueno, como me comí una rosquilla al desayuno, es un día perdido, bien podría comer pura basura durante el resto del día"?

Si está siguiendo un plan de alimentación intuitiva, sabe que puede comer las porquerías que quiera cualquier día. También puede comer todas las verduras y carnes y cualquier otra cosa que le apetezca. Pero si la dieta y la abnegación son su estilo de vida, un solo "error" suele ser una señal para abandonar por completo su plan nutricional. Lo mismo sucede con el ejercicio.

En lo referente al ejercicio, esta actitud del todo-o-nada no sirve en absoluto, y en lo referente a la dieta, allana el camino al autosabotaje (lo cual está bien por un lado, puesto que creemos fervientemente en el sabotaje a las dietas, pero no estaba nada bien cuando no habíamos aceptado que hacer dieta es una tontería). Faltar a clase de aeróbicos un día —o un mes— no significa que hayamos echado a perder toda la diversión y el bienestar que nos han reportado las clases anteriores. No significa que el esfuerzo haya sido en vano porque tendremos que reaprender algunas cosas cuando regresemos. La próxima clase será igual de divertida y seguiremos mejorando nuestro estado físico.

Si apenas está empezando a llevar un estilo de vida más activo, recuerde que cualquier tipo de movimiento vale. No tiene que empezar a hacer triatlones en su primera semana. ¿Qué importa que no pueda seguirle el ritmo a la instructora? ¡Ella da esa clase cuatro veces al día, tres días por semana! Recuérdese que el ejercicio no tiene por qué ser un castigo doloroso. Es probable que tenga que recordárselo muchas veces, por lo que es bueno adquirir la costumbre desde el principio.

Fuera del gimnasio

Puede que esta sea una idea revolucionaria para algunas personas, pero el gimnasio no es el único sitio donde podemos hacer ejercicio. Se nos ha metido en la cabeza la idea de que si no es "oficial", no cuenta. Lo cual es, por supuesto, una absoluta ridiculez; por no mencionar lo que tiene de clasista. Muchos de los estudios que anuncian que el mundo se va a acabar porque los estadounidenses son tremendamente sedentarios, solo miden el ejercicio practicado durante el tiempo libre, dejando por fuera a un montón de personas que hacen suficiente ejercicio en el trabajo y, posdata, no tienen ningún tiempo libre. Una persona que trabaja cargando maletas, limpiando casas o transportando muebles, probablemente (A) está muy en forma y (B) no le apetece ir al gimnasio después de llegar a casa, ¡obvio! Incluso si su trabajo no es ostensiblemente físico, es probable que usted no sea tan sedentaria como cree. ¿Va a la tienda en bicicleta? ¿Vive en un tercer piso sin escaleras? ¿Pasa horas trabajando en el jardín? ¿Tiene relaciones sexuales tres veces por semana? Entonces ya está haciendo algo que mejora el estado físico. No se pasa el día entero echada en el sofá, incluso si eso es lo que opina de su nivel de actividad.

Asimismo, una parte importante de aprender a hacer ejercicio por placer y no para adelgazar o torturarse está en superar la idea de que si es divertido, no vale. Por ejemplo, a Marianne le gusta salir a bailar. En una época, durante los maravillosos días de la universidad, salía a bailar cinco noches por semana. Aunque no dormía ni comía, se la pasaba fenomenal, pero cuando la gente le preguntaba si hacía ejercicio, su respuesta era siempre negativa.

Una noche de fiesta significaba cuatro o cinco horas de baile acompañadas de cinco o seis botellas de agua. Es decir que su ritmo cardiaco aumentaba y movía todos los músculos del cuerpo para no ir a caerse. Llegaba a casa bañada en sudor y agotada, pero también emocionada por el movimiento constante. Sin embargo, por alguna razón, pese a todo el ejercicio que implicaba, eso no contaba. Quizá porque había música a todo volumen, muchísima gente y ninguna ropa de gimnasio. Quizá porque no se sentía como un castigo a su gordura. ¿Quién sabe? En todo caso, Marianne no se reconocía ningún mérito hasta que, un par de años después, un entrenador personal (quién lo diría) le soltó un sermón acerca de cómo el gimnasio no es el único lugar donde podemos hacer ejercicio.

Si usted saca el perro a pasear, está haciendo ejercicio. Si vive en una ciudad grande y sube las escaleras del metro todos los días, está haciendo ejercicio. Si persigue por el jardín a un bebé que está aprendiendo a caminar, ¡está haciendo muchísimo ejercicio! ¿Esas actividades le permitirán alcanzar un estado físico óptimo? Pues eso depende del perro, de la estación del metro y del bebé en cuestión, pero es probable que no. Y no importa. Lo importante es que ya es una persona activa y, por tanto, añadir un poco más de ejercicio a su vida no tiene por qué ser una experiencia desalentadora. Reconózcase un mínimo de mérito por lo que ya está haciendo.

La gran revelación

"¡De acuerdo, pero retomemos lo de dejar de ir un día al gimnasio! —le oímos gritar—. ¿Qué pasa si ese día se convierte en seis meses?".

He aquí la gran revelación: Nada. No pasa nada. Esto no la convierte en una mala persona ni tiene que castigarse mentalmente o pedirle a los demás que la hagan sentirse avergonzada para volver al gimnasio. Pero si realmente le molesta, le sugerimos preguntarse por qué no ha regresado. ¿Por qué ha dejado de ser divertido? Si ya no le produce ningún placer, es hora de intentar algo distinto. El ejercicio no requiere ninguna monogamia.

¿Sabe por qué? *Hacemos ejercicio porque es divertido*. No lo olvide. Si le resulta divertido, no tendrá que obligarse a volver. Y si tiene que obligarse porque ya no es divertido, revise su buzón de ideas y busque un tipo de ejercicio que sí lo sea.

Capítulo 8

No se pese

La balanza. Hela allí, ese terrorífico cuadrado (o rectángulo, como sea) que espera para juzgarnos. Esa tirana que nos exige quitarnos los zapatos, o nuestro peso se elevará (porque, claro, los zapatos pueden llegar a pesar diez kilos más), no pesarnos en la mañana (porque estamos hinchadas) y preocuparnos por su dictamen. Es una cosa demasiado pequeña como para ejercer tanto poder sobre las mujeres.

Marianne no ha tenido una balanza en muchos años. Pero eso no le impidió pesarse todos y cada uno de los días en el gimnasio durante el apogeo de su obsesión numérica. Y luego, incluso cuando había empezado a dejar de preocuparse por los números de la balanza, se inscribió en *Curves*, con su pesaje y sus mediciones semanales, lo que la llevó directo de vuelta a la maraña emocional de los números. (Nota: Kate también estuvo inscrita en *Curves* y no tuvo que someterse a nada de eso; puede que esto varíe dependiendo del lugar.) Lo mismo sucedió con los Weight Watchers.

Con la semilla de la obsesión germinando en su barriga (que no se encogía con ninguno de estos programas), todo lo hacía con el objetivo de cambiar los números, no por diversión ni para sentirse bien. Su único objetivo era perder peso. Y como no podía adelgazar, por más que lo intentara, los demás beneficios saludables que le reportaba su vida activa dejaron de importarle. Por suerte, Marianne superó esta etapa y ahora sabe cuánto pesa, porque pesarse en el consultorio médico dejó de ser una experiencia traumática y le permite al doctor calcular las dosis de sus medicamentos. Pero lo más importante es que los números ya no le importan.

La locura de los números

Si usted es una persona analítica, coleccionadora de datos o con una mínima tendencia compulsiva, es facilísimo caer bajo el dominio de la balanza. Esta proporciona un número concreto que, aunque debería ser un valor neutro, se convierte en una medida de "progreso" (si el número disminuye) o de "recaída" (si el número aumenta), cuando se está a dieta y la salud se confunde con la pérdida de peso.

Allí radica el poder de la balanza: creemos que nos dirá algo fundamental sobre nosotras mismas. Ella nos revelará la profundidad de nuestro compromiso con el adelgazamiento, nuestro compromiso con el mejoramiento de nuestro propio ser.

Pero nuestro mejor ser no está determinado exclusivamente por unas medidas físicas. Nuestro mejor ser es altamente subjetivo y, dependiendo de nuestra definición personal, puede tener más que ver con la manera como tratamos a los demás o con el modo como usamos nuestros talentos y habilidades. A no ser que seamos jinetes o boxeadoras, nuestro peso exacto poco tiene que ver con lo que queremos de la vida.

De hecho, esta obsesión numérica puede llegar a enloquecernos. Una de las lectoras de nuestros blogs contó que había comprado una balanza digital para llevar la cuenta de las fracciones de kilo que perdía (lo que no es posible con las balanzas comunes). Se emocionaba cada vez que bajaba dos décimas de kilo y entristecía cuando las recuperaba. Esto es otorgarle demasiado poder a la balanza y a su número.

En realidad, como medida de salud, el número de la balanza es bastante irrelevante. Si usted ha adoptado la propuesta de la salud para todas las tallas, entonces ya sabe que definir la salud es un esfuerzo personal. En vez de pesarse, controle sus niveles de azúcar en la sangre, presión arterial, colesterol y triglicéridos.

Si los números están justo donde deberían estar y usted no ha adelgazado por arte de magia, entienda que no se trata de un milagro que haya sucedido a pesar de su gordura. Si los números no están donde su médico cree que deberían estar, puede que no tenga nada que ver con la gordura. Puede que tenga que ver con sus hábitos de alimentación o de ejercicio. Y si ha leído hasta aquí, sabe que esto es algo distinto al peso. Sabemos que es fácil echarle la culpa a nuestro cuerpo por ser más grande de lo que un número arbitrario dice que debería ser —sobre todo si nuestro médico está en la misma onda—, pero no es así. Busque a otro médico, uno que la trate con respeto, y pregúnteles a sus parientes si hay un historial de presión arterial alta en la familia.

Muchos de los problemas de salud tienen un fuerte componente genético. No le estamos recomendado que se quede cruzada de brazos y abandone todas las esperanzas porque su bisabuela padecía una enfermedad cardiaca, estamos diciendo que no tiene que culpar a su gordura y odiarse por ella. Por tanto, concéntrese en mejorar su estado físico y asegúrese de que su dieta no sea demasiado desigual. Flagelarse e intentar adelgazar no solo no resolverá sus problemas, sino que podría empeorarlos. ¿Recuerda el primer capítulo, en el que hablamos de los impactos negativos de las dietas? Mantenerse alejada de la balanza le ayudará a concentrarse en hacer cosas buenas para su corazón en vez de concentrarse en su peso.

También debe recordar que su peso oscilará un poco sin importar lo que coma o haga. Es la naturaleza de los cuerpos, que no son objetos estáticos, sino organismos vivos en los que se desarrollan un montón de procesos que no vemos. Eso quiere decir que a veces —y cualquiera que haya tenido la regla debería saberlo— el cuerpo retiene agua. Y eso afecta al peso. Si uno se pesa antes y después de ir al baño, y esperamos no asquear a nadie con esto, ¡el cuerpo muestra el efecto! (Sobre todo si usa una balanza digital.) Esto es normal. No podemos controlar todas las fluctuaciones de nuestro peso. Intentarlo solo produce lágrimas y, posiblemente, comportamientos autodestructivos porque sentimos que no somos lo suficientemente "buenas".

Puede que su médico necesite saber cuánto pesa para calcular las dosis de sus medicamentos. Pero si no es el caso, infórmele que no quiere que la pese y no permita que la enfermera la lleve directamente a la balanza al llegar a la consulta. Si insisten, dígales que no quiere saberlo, dese la vuelta y no mire. A no ser que haya subido o bajado mucho, y de manera inexplicable —en cuyo caso debería examinarse un posible motivo médico—, su peso no debería ser un tema principal de conversación en el consultorio.

¿Tiene una balanza en el baño o el dormitorio? Deshágase de ella. No permita que esa tirana insignificante controle su vida. ¿Le siguen quedando bien los pantalones (incluso recién salidos de la secadora)? Entonces su peso sigue siendo más o menos el mismo de ayer. Y, en serio, eso es lo único que necesita saber.

TERCERA PARTE

Socializar

Capítulo 9

Busque un buen compañero

Es triste, pero cierto: la mayoría de las personas que vemos escribir con seguridad y persuasión sobre la aceptación del cuerpo en general, y de la gordura en particular, están casadas o en relaciones largas y estables. La cantidad de solteros que lo hacen es muchísimo menor, según lo que hemos visto. Y es bastante descorazonador, pues sospechamos que no es mera coincidencia.

Cuando no contamos con la presencia de un compañero que nos recuerde que somos tan atractivas como adorables, es realmente difícil enfrentarse al aluvión permanente de mensajes antigordura, la cantinela incesante de que "la gordura no es atractiva en absoluto" y el "¿quién podría amar a una persona gorda?". Y si estamos en busca de pareja, puede ser el doble de difícil. Es cierto, uno puede hacer todo lo que recomiendan las revistas —ir a fiestas y bares, buscar pasatiempos que incluyan a otras personas, poner un anuncio personal en Internet—, pero, a fin de cuentas, siempre hay cierto elemento de suerte en el poder encontrar a un compañero. Un elemento condenadamente grande, a decir verdad.

Cuando se está soltera, es muy fácil tender a pasarse el tiempo buscando un porqué. ¿Por qué me pasa esto? ¿Por qué sigo estando sola? Y todos los que pretenden venderle alguna porquería, se alegran de poder responder: sus dientes no son lo suficientemente blancos, su piel no es suave y tersa, huele raro, necesita teñirse el pelo o no lleva el sostén adecuado. (Probablemente no lleve el sostén adecuado, pero no es por eso que está soltera.) Y, ah, claro, es demasiado gorda. Incluso si es delgada.

Si arregla todas sus imperfecciones, dicen —incluso si no son más que ilusiones conquistadas con sostenes *push-up* y calzones con faja—, podrá escoger la pareja que quiera, su vida será perfecta y encontrará la felicidad y la compañía sin siquiera buscarlas. Se abrirá una puerta invisible que permitirá que todas esas personas que usted sabía que la querrían si tan solo fuera un poco más bella entren a preguntarle qué planes tiene para el viernes en la noche. Los fabricantes y publicistas pretenden vendernos esta idea —a la que Kate denomina "el sueño de ser delgada"— porque les produce dinero en cantidades. Quienes están a gusto con su cuerpo y saben que "soltera" no es sinónimo de "imposible de amar" no tienden a comprar cremas contra la celulitis.

Usted lo sabe. Todas sabemos que es una tontería. Al contemplar la faja del traje de baño sabemos que no nos transformará en una celebridad de vientre plano. Sabemos que cualquier amistad que se base únicamente en las apariencias será superficial y que en algún momento tendremos que despojarnos de las máscaras de la perfección. Lo sabemos muy bien, pero a veces la idea de que estamos solteras solo por culpa nuestra —como si fuera un castigo impuesto por una autoridad superior— nos domina.

Lo entendemos. Las dos hemos pasado por allí, y aunque ambas estamos en relaciones estables, recordamos, con algo más que una punzada de tristeza, lo que se siente al no tener a quién llamar después de un día de perros, nadie que nos traiga algo de comer y vea con nosotras nuestras películas favoritas y nos cuide hasta que nos sintamos mejor. Y ambas sabemos cuánto de suerte hay en poder encontrar a esa persona; lo cual significa que cuando le sugerimos buscar a un buen compañero como un paso hacia la aceptación de su cuerpo (¡y de sí misma!), sabemos que se trata de algo realmente difícil. Pero, por favor, préstenos atención. Prometemos que no vamos a repetir el rollo de que debe amarse a sí misma antes de poder ser amada. Ya hay suficientes seres casados y terriblemente inseguros andando por ahí, ¿lo sabía?

La primera regla del club de las gordas

He aquí la única y sencilla regla que queremos que aprenda en este capítulo: no está permitido conformarse con alguien que no esté completamente loco por usted y su cuerpo desnudo. Es decir que no se vale conformarse con una relación secreta con alguien que quiere acostarse con usted, pero no le presenta a sus amigos, ni con alguien que se burla de su barriga o controla la cantidad de calorías que consume. Esos tipos no son buenos compañeros.

Un buen compañero es alguien que nos quiere por lo que somos, no por lo que quiere que seamos. Y esto significa que nos quiere no solo cuando vamos vestidas de punta en blanco, sino también cuando acabamos de salir de la cama y nos preguntamos si nos dejarán entrar en la tienda con las pantuflas de conejo. Significa que respeta nuestra inteligencia, nuestras opiniones, nuestra autonomía corporal, y que estar en desacuerdo no le da permiso de atacarnos, es decir que no le está permitido decirnos "vieja gorda" cuando está furioso y luego pretender que no nos importe.

La pregunta obvia, incluso cuando no podemos controlar por completo el resultado, es: ¿cómo puedo buscar un buen compañero? Por fortuna, nosotras hemos hecho un buen trabajo de campo.

El montaje

Primero, hágales saber a sus amigos que está buscando pareja. Sí, sí, lo sabemos, las citas a ciegas y los celestinajes están más que pasados de moda. Pero si sus amigos la conocen bien, puede que tengan una idea del tipo de persona con el que a usted le gustaría salir. Kate salía muchísimo y le iba muy bien en términos de cantidad, aunque no de calidad, cuando su amiga Paula le presentó a un tipo llamado Al; mientras estaba en una cita con otro, por cierto (era una salida en grupo). Paula no mencionó que creía que Kate y Al harían buena pareja, aunque sí lo pensaba secretamente; simplemente los juntó en una misma habitación y les permitió descubrirlo por su cuenta. Y al parecer conocía mejor los gustos de Kate que ella misma, pues la pareja que esta había llevado a la cita resultó ser insoportable, mientras que Al resultó ser casi amor a primera vista. A los tres meses, se fue a vivir con ella, y no parecía tener intenciones de irse a ningún lado cuando este libro entró en imprenta, dos años y medio después. Las amigas de Marianne no fueron ni la mitad de sutiles cuando le organizaron una cita con el precioso hombre con el que terminó casándose. Simplemente insistieron en mostrarle lo genial que era hasta que ella demostró cierto interés.

No estamos diciendo que deba confiar en las citas que le planee cualquier viejo amigo. He aquí la regla de oro de Marianne: si no sabe qué películas me gustarían, es muy probable que tampoco sepa escogerme una buena pareja. No tiene que salir disparada cuando su madre le hable del nuevo y apuesto cajero de la tienda o del hijo doctor de la vecina o del amable chico de la otra cuadra. "¡Está soltero!" no se traduce inmediatamente en compatibilidad, sin importar lo que digan. Pero como sucede cuando está buscando trabajo, las redes de contactos no sobran, y nunca se sabe quién nos llevará por el camino acertado. Así que comuníqueles a sus amigos que está "en el mercado".

No se quede esperando

Segundo, siga viviendo su vida. Por difícil que sea creerlo —y sabemos que puede ser muy difícil—, estar soltera no tiene nada de malo. Puede que no sea ideal, pero no es el fin de la vida. Siga siendo usted misma y esfuércese por mejorar su vida en otros sentidos. Esto es importante por varias razones. Primero, si no piensa quedarse sentada esperando hasta ser flaca (y esa no es la idea, ¿verdad?), ¿por qué habría de esperar a empezar su vida hasta tener un compañero? Segundo, la seguridad en sí misma y una vida plena e interesante son cualidades fascinantes de una persona. ¿Le gustaría estar con alguien que no hace nada en la vida, excepto esperar a que usted aparezca? (Consejo: la respuesta es negativa.) De modo que salga al mundo y haga todas las cosas que quiere hacer. Vaya a la universidad, aprenda cosas nuevas, inscríbase en clases de tenis, váyase de viaje, etcétera. Si no piensa hacerlo porque merece divertirse mientras está soltera, al menos hágalo porque eso puede ayudarle a encontrar al Elegido.

Hay que estar *encontrable*

Ahora, expóngase. Esto requiere un poco más que el mero hecho de decirles a sus amigos que está disponible. Esto implica todas esas cosas aterradoras como poner un anuncio personal en Internet, las multicitas y socializar en el parque al sacar al perro. (Kate ha hecho todo esto, así que no estamos hablando por hablar.) Y lo que es más aterrador aún, implica decirle a la gente que conoce por Internet o por anuncios personales que usted es gorda, y tener que poner o enviar una foto antes de encontrarse en persona.

No vamos a engañar a nadie: es probable que esto le reporte menos clientela que si se limita a poner una foto de rostro tomada desde un ángulo favorecedor. Pero eso significa también menos clientes de los que no quieren salir con mujeres gordas, no de potenciales compañeros ideales. Un prolongado coqueteo vía e-mail con alguien que no tiene idea de cuál es su aspecto físico casi nunca resulta en que esa persona se enamore de su mente de tal modo que no le importe su apariencia. Es más, es muy probable que esa persona se enfurezca con usted por haberle ocultado esa información, que sí es importante (qué le vamos a hacer). ¿Acaso a usted no le importa? Puede que no tenga un tipo en particular, y puede que sienta una especial atracción hacia las personas que no encajan en los estándares de belleza de nuestra sociedad, pero aun así hay personas que no le parecen atractivas, por alguna u otra razón, ¿o no? ¿Esto significa que es una idiota superficial por no querer salir con esas personas? No. Significa, sencillamente, que es un individuo con gustos individuales. Como lo son todos aquellos a quienes usted no les resulta atractiva; aun cuando todos estemos influenciados, claro está, por las infinitas voces que nos dicen que solo las flacas pueden ser hermosas.

El hecho es que no todo el mundo ha bebido del elixir de la belleza, y tampoco querría salir con quienes lo han hecho, así que olvídese de ellos. El tipo que dejó de escribirle al ver su foto podría ser un idiota superficial, o quizá tenga malos recuerdos de una ex que es idéntica a usted. ¿Quién sabe? ¿Y a quién le importa? Si alguien no la considera atractiva, no debería salir con esa persona, punto. Y es evidente que no debería pretender engañar a nadie para que la considere atractiva. Exponerse significa, precisamente, exponerse a sí misma, no a una versión incorpórea que el tipo con el que está chateando pueda sobreponer a la imagen de una supermodelo. Significa admitir su cuerpo tanto como su mente, y saber que, si a alguien no le gusta su cuerpo, no es la persona adecuada para usted. Usted no es un cerebro en un frasco, por Dios santo; usted es su cuerpo. Quien no quiera ese cuerpo, no la quiere a usted. Y si alguien no la quiere, se sigue que usted no quiere a ese alguien, ¿lo capta?

Claro está que, por más que lo sepamos, el rechazo sigue siendo horrible. No vamos a decirle mentiras. Usted responde al anuncio personal de alguien que le parece interesante, y ese alguien responde con un "gracias pero no, gracias" —o, peor aún, nunca responde—, y eso es horrible. Es difícil no tomárselo como algo personal porque, bueno, *es* personal. Pero a Marianne, mientras lidiaba con la cuestión del rechazo, le ayudó recordar que este tiene tanto que ver con la otra persona como con uno mismo. Y el gran consejo de Kate es recordar que el rechazo puede tener que ver con muchísimas cosas, no solo con las que no nos gustan de nosotras mismas y que, por tanto, suponemos que no les gustarán a los demás. Marianne podría haberse dicho que un tipo no le respondió porque era gorda cuando, en realidad, el hombre podría haber pensado que era preciosa, pero no respondió porque en su perfil decía que era fanática de *Star Trek*. (¡¿Y por qué rayos habría de salir con alguien a quien no le gusta *Star Trek*?!) Kate habría podido decirse que un hombre quedó espantado al ver sus muslos cuando lo que en realidad no le gustó fue su incorregible lenguaje vulgar. Y cualquiera de las dos podría haber sido víctima de un e-mail atrapado en el filtro del correo basura, una emergencia familiar, otra gorda adorable que apareció unos minutos antes y se robó el corazón del galán en cuestión... hay miles de millones de razones que explican lo que percibimos como rechazo y que en realidad no tiene nada que ver con nosotras.

A no ser que alguien se tome el tiempo de responder "NO, GRACIAS, ERES FEA" (y, bueno, hay que reconocer que eso podría suceder en el mundo de Internet), no tenemos idea de por qué nos rechazaron. Así que en lugar de quedarse sentada catalogando sus defectos, tratando de identificar cuál de todos sus atributos repulsivos fue el que ocasionó el rechazo, ¿por qué no mejor suponer que no tuvo nada que ver con usted? Créanos, el lloriqueo autoflagelante no le proporcionará ninguna explicación importante acerca de su soltería.

La cuestión es la siguiente: usted es exactamente la persona que alguien está buscando, y ese alguien es exactamente la persona que usted está buscando. No tiene que ser más bonita ni más delgada. Solo tiene que ser usted; incluso si es una mujer gorda que anda en sudadera, despeinada y sin maquillaje (como suelen andar las dos autoras de este libro buena parte del tiempo). Usted no es el problema, el problema es que no sabe cuándo ni dónde va a encontrar a esa persona y, por tanto, no puede hacer absolutamente nada para acelerar el proceso. Por más de que la sociedad occidental insista en que con el trabajo duro conseguiremos todo lo que queramos —y la velocidad con que alcancemos nuestros deseos será directamente proporcional al esfuerzo invertido—, no siempre es así. Su mamá tenía razón: la vida no es justa. Si lo fuera, todos estaríamos enamorados ahora mismo, porque todos nos lo merecemos, ahora mismo. Hay muy pocas personas en este mundo que no merecen el amor. (Marianne es lo suficientemente *hippy* como para decir que no hay nadie que no lo merezca, pero Kate haría una excepción con los sociópatas, que de todos modos no lo apreciarían.)

Si usted no está en una relación en este momento, no es porque sea demasiado fea o demasiado gorda o porque ronque cuando se ríe o porque su champú huela raro. Es simplemente porque aún no se ha topado con nadie que le guste tanto como usted a ese alguien. Si tuviera que ser alta, delgada, de piel clara y pelo liso, etcétera, para merecer el amor, Marianne no estaría extasiadamente casada (expresión que nunca pensó que usaría) y Kate no estaría viviendo feliz con su compañero. La idea de que la belleza convencional es un requisito para ser amados y deseados es una mentira tan grande como una casa. Pero, por desgracia, es una mentira que nos seguirá acompañando mientras la inseguridad y la baja autoestima sigan llevando a las mujeres a usar la tarjeta de crédito. Si todos creyéramos que nos merecemos el amor tal como somos, la economía sufriría un frenazo.

Y esto nos lleva a la clave de este capítulo, que reformularemos así: no se conforme con nada distinto a un buen compañero que esté loco por usted. Usted se lo merece, y lo sabe.

Las relaciones implican trabajo, evidentemente, pero nadie nos paga por soportar una relación mala. Estar sola es mejor que estar en una mala relación, que puede acabar con su autoestima más rápido que la última edición de la revista *Cosmopolitan*. Espere hasta encontrar a alguien que vea la belleza de su cuerpo y de su mente, aun cuando usted no pueda verla aún. (Y ese es el objetivo del resto de este libro.)

Capítulo 10

Deje de juzgar a otras mujeres

Esa barriga la hace ver embarazada. Tiene un trasero del tamaño de una catedral. ¿Quién dijo que esa camisa cuadra con esa falda? Es muchísimo más gorda que yo.

Es como una letanía que se extiende en nuestra mente cada vez que estamos en público, rodeadas de otras mujeres, o incluso con solo verlas en televisión: un torrente continuo de juicios que catalogan a todas las mujeres que vemos, como si nos sintiéramos perdidas si no sabemos cuál es nuestro lugar. Es probable que, en algún momento de su vida adulta, usted haya entrado en una fiesta y haya sentido un alivio profundo al descubrir que hay al menos una mujer más gorda, fea y/o mal vestida que usted. Nos ha pasado a todas. Pero si quiere tener alguna esperanza de hacer las paces con su cuerpo, tiene que dejar esa tontería.

No estamos diciendo que deje de hacerlo porque es desagradable, mezquino y bajo juzgar a otras mujeres con tanta dureza; lo es, pero usted no es una santa, y nosotras tampoco. Le decimos que deje de ser una arpía por su propio bien. ¿Sabe qué pasa cuando dejamos de decir esas tonterías acerca de otras mujeres? Dejamos de decirlas, como por arte de magia, acerca de nosotras mismas.

Juzgar a otras mujeres de manera negativa crea un torrente de pensamientos desagradables en nuestra cabeza, y es inevitable terminar juzgándonos según esos estándares. Creemos que nos estamos fortaleciendo con ello, pero, en realidad, lo que hacemos es rebajar a los demás a nuestro nivel. Y no queremos ponernos latosas, pero rebajar a los otros no es productivo, pues nos deja en el mismo lugar donde empezamos, que está lleno de odio hacia nuestro cuerpo.

Incluso a las flacas les da la depre

Según la web de la Asociación Nacional de Trastornos Alimentarios, diversas encuestas han mostrado que un 42 por ciento de las niñas de primero a tercer grado quieren ser más delgadas; el 81 por ciento de las niñas de diez años tiene miedo de engordar, y el 91 por ciento de las universitarias ha intentado adelgazar.[1] La web del Centro Nacional de Información de los Trastornos Alimentarios de Canadá indica que del 80 al 90 por ciento de las mujeres adultas no está a gusto con el tamaño y la forma de su cuerpo.[2] Entre las cinco mil mujeres encuestadas por la revista británica *NW* en el año 2007, el 84 por ciento dijo que sería más feliz si pudiera perder peso.[3] Desearíamos poder decir que estas estadísticas nos resultan impactantes, pero no es así. Vivimos en una sociedad en que las mujeres tienden a ser desacreditadas por observadores de todo tipo. Desde los medios de comunicación, pasando por los familiares hasta los desconocidos, siempre hay un público que nos observa para determinar si cumplimos con el ideal establecido en un momento dado.

Se nos mide según un estándar que solo puede ser alcanzado por un minúsculo puñado de mujeres de carne y hueso. (¿Recuerda el anuncio del *Body Shop* que decía: "En el mundo hay tres mil millones de mujeres que no parecen modelos y solo ocho que sí"? Nos fascinaba ese anuncio.) Incluso, las que sí cumplen con el estándar de belleza no suelen ser presentadas como son en realidad. Gracias al editor de imágenes *Photoshop*, esas mujeres imposiblemente hermosas son, en efecto, imposiblemente hermosas. A las imágenes que vemos en las revistas les han borrado centímetros de los brazos y los muslos, les han alargado el cuello, quitado las arrugas de la risa, realzado el pecho, agrandado los ojos, etcétera, etcétera. Ni siquiera las modelos son como aparecen en sus fotos. Entonces, ¿por qué juzgarnos según estos estándares imposibles? ¿Y por qué usarlos para juzgar a otras mujeres?

Miedo y odio

Marianne es una observadora de personas. Le gusta sentarse en algún sitio y contemplar los desfiles que pasan inevitablemente por el mundo. Sin embargo, en un bar al que solía ir con un grupo de amigas, esto se convirtió en una crítica intensiva de todas las mujeres (y la mayoría de los hombres) que había en la sala. ¿Era divertido? Claro que sí, en esa época (tenía dieciocho años). ¿Tenía un potencial hiriente para con los otros? Sí, si las oían. ¿Era útil de algún modo? En absoluto. Al buscarle defectos a la apariencia de las demás personas, Marianne se entrenó plenamente en el arte de desmenuzar su PROPIA apariencia. Si sentía deseos de burlarse de alguna chica que no se había puesto bien el delineador, pues bien, ella se lo había puesto peor. Al fin y al cabo, esto podía dar pie a alguien más para burlarse de ella.

El miedo se fue acentuando. Si Marianne se sentaba a juzgar a otras personas, ¡no cabía duda de que otras personas la juzgaban a ella! He allí una idea aterradora que la llevó a sentirse cada vez más acomplejada. Arreglarse para ir a ese bar en particular se convirtió en un ejercicio de ansiedad y odio a sí misma. Y así se dio cuenta de que tenía que parar. Criticar la ropa escogida por las demás personas le estaba haciendo mucho más mal que bien.

Si juzgar la ropa que escogían otras mujeres le había hecho tanto daño, ¿cómo sería el daño causado por juzgar los cuerpos de esas otras mujeres? La ropa es, en buena parte, una elección consciente. Nuestro cuerpo es una parte de nuestra identidad mucho mayor que nuestro vestuario, y mucho más difícil (si no imposible) de cambiar. Si cogemos la costumbre de odiar la panza de otras mujeres, la nuestra empieza a parecernos cada vez peor. Si cogemos la costumbre de buscar quién tiene los brazos fofos, los nuestros empezarán a verse cada vez peores en nuestra mente, aunque no cambien en la realidad.

Asimismo, cuando Marianne empezó a ver a los demás con ojos amables (una costumbre que ha seguido alimentando con los años), cuando empezó a buscar de manera consciente las cosas buenas de las demás personas, le resultó cada vez más fácil encontrarlas en ella misma.

Puede que sea así de sencillo (aunque crear la costumbre requiera cierto esfuerzo): vemos lo que esperamos ver. Si buscamos defectos, fallos y otras debilidades que podemos usar para establecer una jerarquía de lo atractivo, eso es lo que veremos en los demás y en nosotras mismas. Si buscamos la belleza, la encontraremos en todas partes, en todas las personas, incluso en nosotras mismas.

¡Huy! Qué cursi sonó eso. Prometemos ser menos sentimentaloides en el siguiente capítulo.

GORDURA Y EXALTACIÓN

Un artículo que no es sobre sostenes *push-up*

por Julia Starkey

Fundamentalmente, me identifico como alguien de raza mixta (negra y sueca), y en este artículo hablaré del ser negra porque es una identidad que habito. No tengo un "aspecto mixto" o el privilegio de pasar como cualquiera de las dos cosas; en lo que respecta a las expectativas sociales y la raza, soy negra.

Aunque este texto se centra en el hecho de ser una mujer negra y gorda, empezaré por hablar de mi padre, cuyas ideas sobre la vida se vieron profundamente influenciadas por W.E.B. DuBois, ideas sobre la exaltación racial y el grupo de los "Talented Tenth". Sus padres pertenecieron a la Gran Migración y fueron a parar a Indianápolis. Su abuelo había huido de Georgia, con una esposa muy embarazada, debido a un altercado con un hombre blanco. Cuando los padres de mi padre compraron su casa, fueron la primera familia negra en tener una propiedad en el barrio (y solo de manera semilegal, puesto que en la escritura se estipulaba que no podía venderse a negros). Los padres de mi padre hicieron hincapié en la educación como el camino a la libertad. Sus opiniones hacían parte de una creencia general en la exaltación racial. Al trabajar intensamente, educarnos y, en general, dar ejemplo a los demás negros, nos ayudaríamos a salir adelante.

La exaltación racial no era solo cuestión de élites negras que tendían la mano a otros negros; se trataba también de mostrarles a los blancos que los negros no eran un conjunto de estereotipos negativos. Los que iban a la vanguardia (los *talentosos diez*) debían ser inteligentes, pulcros, elocuentes y, ante todo, no podían enfadarse por el racismo. De lo contrario, vestidos con sus mejores galas, debían rebatir el racismo con argumentos cuidadosamente esgrimidos, conscientes de que cualquier traspié sería tomado como prueba de que los negros eran realmente inferiores.

Presentarse bien, con sus mejores prendas, era un aspecto importante de la lucha contra los estereotipos. Para tener la oportunidad de ser tomados en serio, debíamos adoptar un aspecto pulcro y cuidado de pies a cabeza. Debíamos llevar el pelo arreglado (y, en el caso de las mujeres, cuidadosamente alisado), porque el pelo crespo nos hacía vernos como seres "de la jungla". La mejor palabra para describir este aspecto es "controlado". Si los estereotipos negativos describían a los negros como salvajes, inconstantes, guiados por las emociones y carentes de raciocinio, entonces el modo de rebatirlos era adoptando un aspecto moderno, entallado, y no tener nunca un pelo fuera de lugar.

Cuando pienso en cómo me atañe a mí todo esto, debo señalar que heredé los genes de la madre y las hermanas de mi padre, todas ellas mujeres negras gordas. Mi abuela murió cuando yo era pequeña, por lo que no tengo un recuerdo muy claro de ella. Pero en las fotos aparece siempre arreglada y cuidadosamente vestida, con bolsos que combinan con su atuendo. Incluso cuando tenía que hacer un viaje de más de dos horas en autobús para ir a la oficina donde trabajaba, iba siempre bien vestida. Nadie podía acusarla de descuidada o perezosa; lo mismo puede decirse de sus hijos. Sus hijas, mis tías, visten de una forma más casual, pero conservando siempre la "compostura". Siempre van bien vestidas, con el pelo arreglado, y nunca llevan nada ajado o desgastado. Una de ellas tiene cáncer, y aunque está luchando con la quimio, viste siempre con elegancia. Cuando vino a visitarnos, bajó a desayunar con una pijama de seda y estampado dorado, un chal de seda color cacao y un pañolón púrpura de seda que le cubría, con mucho estilo, la cabeza.

Aunque la preocupación por verse "presentables" es algo que comparten muchas personas, tiene una relevancia particular para las mujeres negras gordas. La que nosotras combatimos es la imagen generalizada —y poderosa— de las negras como *mammies*.

Las *mammies* son gordas y felices. Tienen la piel negra y brillante, dientes blancos y relucientes y una pañoleta que cubre su pelo rebelde. Las *mammies* no son atractivas y son seres asexuados. A las *mammies* les encanta realizar labores de baja categoría para los blancos, son humildes y agradecidas por lo que tienen y no albergan grandes ambiciones. Las *mammies* no quieren llevar las riendas; son lo contrario de aquellos que buscan superarse.

Puesto que la figura de las *mammies* es una imagen tan potente, las mujeres negras gordas deben hacer un esfuerzo extra para no caer en el estereotipo. Esa es la razón por la que mis tías siempre escogen con cuidado lo que se ponen para ir a trabajar, y tienden más a lo profesional que a lo casual. Por eso han buscado ascender con tenacidad y se han unido a las organizaciones que trabajan por la comunidad. Y por eso nunca se les ocurriría salir de casa con una pañoleta en la cabeza (el pañuelo de mi tía era demasiado elegante como para llamarle pañoleta, y además estaba con la familia). Yo puedo salir a la tienda en pijama, pero nunca me verán con la cabeza envuelta en una pañoleta roja.

Soy la hija de mi padre, y él me crio con las ideas de la exaltación y superación como individuo y como miembro de la comunidad negra. Es una de esas cosas que no se discutían explícitamente, pero que lo impregnaban todo. En el barrio donde crecí, mi padre era el único adulto negro de la zona. Y fue solo hasta el octavo grado cuando otro estudiante negro llegó a mi clase. Pese a la ausencia física de otros cuerpos negros, la presencia de los estereotipos estaba allí. Para bien o para mal, solo me decían "tú no eres como esa gente negra" o "no te veo como una persona negra", y, pues... yo era demasiado joven para saber cómo responder al racismo arraigado en esos comentarios. Lograba no ser un estereotipo, pero en vez de acabar con los estereotipos sobre los negros, mi origen terminaba siendo borrado.

Fue en la universidad donde realmente comprendí la importancia de tener un cuerpo apropiado. Estudié en una de las universidades más prestigiosas del país, y a diferencia de lo que suele suponerse, la comunidad negra que me rodeaba no provenía solo de élites adineradas: muchos de nosotros contábamos con ayudas financieras y préstamos estudiantiles. Y compartíamos la creencia en que podíamos superarnos mediante la educación.

Lo otro que unía a los estudiantes negros era el esfuerzo por no vernos como un "gueto" (y sí, he allí un prejuicio interiorizado que no pretendo discutir ahora). Nada de peinados "extremos" ni grandes joyas ni pantalones sueltos ni actitudes llamativas. Y, definitivamente, nada de carnes movedizas a la vista. La gordura era algo que debía controlarse, algo de lo que solía hablarse dentro del contexto de los problemas endémicos de la diabetes y la tensión arterial alta en la comunidad negra, no de un modo positivo.

Aunque los estudiantes negros no lucían como acabados de salir de un catálogo de *J. Crew*, incluso a la hora de desayunar guardaban más la compostura que sus compatriotas blancos, para que quedara claro que no hacían parte del personal del servicio doméstico. Nos desvinculábamos de cualquier cosa que les hiciera olvidar a los estudiantes blancos que debíamos trabajar con la mente y no con el cuerpo. Tener un cuerpo gordo que evocara a la criada que le ata el corsé a Scarlett O'Hara no encajaba con la imagen culta de la élite educada. No queríamos que los estudiantes blancos y las facultades que nos rodeaban olvidaran que también éramos élites en ciernes.

Esto me hace pensar en el padre de Lena Horne, quien, en la década de los cincuenta, dijo que había contratado criadas para su hija y que ella nunca interpretaría a ninguna en las películas (con el respaldo de la Asociación Nacional para el Progreso de las Personas de Color [NAACP, por sus siglas en inglés], lo cual quedó escrito en su contrato). Esto, por supuesto, se contrapone a lo que sucedió con Hattie McDaniel, quien interpretó casi exclusivamente a sirvientas y *mammies* a lo largo de su carrera cinematográfica. La imagen de Lena Horne como una mujer negra glamorosa, talentosa y exitosa se basó también en su cuerpo delgado y su piel pálida. Era lo opuesto a la figura gorda y negra de una *mammy*. Su aspecto esbelto y entallado, y su voz hermosamente controlada, la convirtieron en alguien a quien la NAACP podía apoyar.

Es frustrante oír a las mujeres blancas del movimiento de la aceptación de la gordura hablar de la actitud positiva de la comunidad negra hacia la gordura y quejarse con amargura y envidia porque "su comunidad" no es así, cuando nunca le han preguntado por su experiencia a una mujer negra gorda. La existencia de canciones como "Baby Got Back" o la popularidad de la actriz Queen Latifah son presentadas como prueba de la aceptación de la gordura por parte de los negros. Sin embargo, se trata de ejemplos tomados de la cultura *pop* negra que les gusta a los blancos y elegidos sin atender a las complejidades de lo que han significado los cuerpos femeninos negros gordos tanto histórica como actualmente. "Baby Got Back" no es, en realidad, sobre mujeres gordas, sino sobre las que tienen "una cinturita diminuta y un traserote enorme"; las que lucen como Flo-Jo, la atleta olímpica. Asimismo, la expresión de Sir Mix-A-Lot, "*Cosmo* no tiene nada que ver con mi selección, ¿90-60-90?, solo si mide 1,60", hace referencia a "Brick House", una canción de los setenta, del grupo The Commodores, en la que se habla de una mujer bien dotada, pero cuyas medidas son "90-60-90, ¡la baza ganadora!". Se trata de canciones acerca de mujeres con pechos y traseros grandes y cinturas definidas, no necesariamente alguien con un cuerpo grande en general. Si tuviera que escoger una canción positiva ante la gordura sería "Sista Big Bones", de Anthony Hamilton, quien escogió a Mo'Nique para protagonizar el video.

Mi experiencia como mujer negra gorda no ha sido la de un paraíso de aceptación. No me he sentido avergonzada a causa de mi cuerpo, pero sí he sentido la presión de tener un tamaño corporal más socialmente aceptable. Y me preocupo por tener una buena presentación. Debido a la historia y las actitudes de mi comunidad, siento la responsabilidad de observar un estricto código de comportamiento, y parte de ese código está en esconder su existencia ante la cultura blanca predominante. Lucho con estas presiones cuando no me apetece guardar la compostura, cuando quiero envolverme el pelo en una pañoleta para salir a la tienda a comprar leche o cuando me dan ganas de gruñirle a alguien en vez de repetir por enésima vez una lección básica de racismo. Que las mujeres blancas me digan que la he tenido fácil en lo que respecta a mi imagen corporal es desestimar todas las complejidades y dificultades de mi identidad y reducirlas al "¿*Cosmo* dice que estás gorda? ¡Qué me importa!".

Suponer cosas acerca de la identidad y la cultura de alguien basándose en fragmentos de la cultura *pop* es deshumanizante. Un aspecto clave del hecho de comprender el mundo más allá de nosotros mismos no está solo en hacer preguntas, sino en escuchar con atención a quienes tienen críticas sobre nuestras creencias. A veces, lo que damos sentado como un hecho se basa en falsas premisas. Las mujeres negras no viven en una utopía de aceptación de la gordura, y quien da por sentado que así es, está asumiendo supuestos racistas.

Capítulo 11

Busque un pasatiempo que no tenga nada que ver con su peso (y practíquelo con otras personas)

¿Qué le fascina hacer? Cuando está en el descanso para almorzar, pensando en la noche que se acerca, ¿cuáles son sus planes? Si lo único que espera es ver televisión, probablemente sea hora de encontrar un nuevo pasatiempo.

Ahora bien, no pretendemos criticar la televisión. Hay programas muy buenos que cuentan historias maravillosas. Pero la caja idiotizante es una fuente principal de mensajes de odio al cuerpo, y al pasar horas frente a ella nos dedicamos a absorber más y más mentiras sobre nuestro cuerpo. ¿Realmente necesitamos más mensajes de esos en nuestra vida? ¡Claro que no!

Pero es que vivo ocupada —dirá usted— y cansada. Y la entendemos; nosotras sentimos lo mismo. Llegar a casa después de una larga jornada y ponerse los pantalones de la sudadera para ver uno de sus programas favoritos puede ser una actividad perfectamente deliciosa, y no pretendemos negárselo a nadie. Solo queremos decirle que puede que tenga más tiempo libre en potencia del que cree.

¿Con qué frecuencia piensa en lo que comerá en la próxima comida? Si está a dieta, seguro que con muchísima frecuencia. Planear comidas, contar calorías y atender a los pesajes semanales consume más tiempo y energía de lo que puede imaginar. Incluso si no está haciendo dieta activamente, la energía que gasta sintiéndose culpable por haber comido cosas "malas", pensando que va a engordarse y soñando con lo que haría si pudiera adelgazar, puede ser bastante. Hacer dieta y odiarse a sí misma pueden convertirse no solo en pasatiempos, sino en trabajos de medio tiempo, si se lo permite. Si juntara todo ese tiempo y energía y los enfocara en otro lado, ¡piense en todo lo que podría hacer! Tejer, construir una maqueta del Taj Mahal con palillos y malvaviscos... el mundo entero se alza a sus pies cuando deja de preocuparse por el tamaño de su trasero.

Sálgase de su cabeza

Un dato sencillo: cuando trabaja como voluntaria sirviéndoles comida a los desamparados, está demasiado ocupada como para sentirse culpable por no haber ido al gimnasio. Cuando está embebida en un proyecto, no hay espacio para pensar que sus caderas no están bien proporcionadas con el resto de su cuerpo. ¡Pues no! Está ocupada haciendo algo de verdad. Además de sacarnos de nuestra cabeza, los pasatiempos proporcionan una verdadera sensación de logro y orgullo, y cuando esos sentimientos no están asociados con cosas transitorias como adelgazar, podemos darnos el gusto de conservarlos. Y eso es bueno. Sentir un placer y un orgullo verdaderos por las cosas que hacemos puede potenciar nuestra seguridad en todas las áreas de nuestra vida, incluso las que tienen que ver con nuestro cuerpo. Después de todo, es difícil sentirnos mal por nuestro cuerpo cuando lo usamos para hacer cosas maravillosas.

Si no está haciendo nada que le produzca una sensación de perspectiva, es muy fácil tender a sentir que su cuerpo es la raíz de *todos* sus problemas, y que todo el mundo está mirándola fija y sentenciosamente. Si su mundo interior se limita a usted y su odio a sí misma, es mucho más fácil creer que el tipo que le sonrió en el autobús en realidad se estaba burlando de su gordura.

Buscar nuevos amigos

Salir y hacer cosas con otras personas puede ser un poderoso antídoto a ese ensimismamiento destructivo. Participar en la comunidad es una forma excelente de reafirmar que la preocupación por reducir *sus* muslos no encabeza la lista de cosas de pendientes de nadie más. Al estar con otras personas (dando por sentado que no sean idiotas), lo que parece un problema inmenso que pende sobre su cabeza resulta ser una absoluta nimiedad.

Si no se siente a gusto con sus amigos o quisiera añadir más personas a su equipo actual, encontrar un buen pasatiempo es una solución. Compartir un interés común nos proporciona algo de qué hablar, obviamente, y hacer cosas con esas nuevas personas puede ayudarnos a que la conversación fluya más que al tomarnos un café con un extraño que encontramos en los clasificados. Busque una actividad que le fascine, algo que no tenga que ver con su peso, algo que pueda hacer sola o con más gente. Busque algo que la apasione, algo que la estimule a hacer cosas nuevas, a descubrir nuevos talentos y aprender nuevas destrezas. Busque algo que sea emocionante y la empuje a salir de sus comodidades. Le prometemos que pasará mucho menos tiempo preocupándose por el tamaño de sus pantalones y mucho más recordando cuán maravillosa puede ser.

Capítulo 12

No crea que solo los bichos raros quieren salir con mujeres gordas

En nuestra sociedad, a los árbitros que deciden quién es sexy y quién no les cuesta admitir que hay gente que sale con personas gordas intencionalmente. Y si lo reconocen, lo hacen con la clara insinuación de que son unos bichos raros. A quienes expresan interés por las mujeres gordas se los juzga por admirar los cuerpos que no encajan en el ideal de belleza dominante. Y a las mujeres gordas se les dice que, debido a su fracaso en el propósito de ser bellas, no valen nada; nadie que valga la pena podría amarlas. Es una soberana tontería, pero después de haber oído esos mensajes un millón de veces, es difícil no creérselos.

Si combinamos esas mentiras omnipresentes con las historias lascivas acerca de los fetichistas y cebadores (personas que se sienten atraídas sexualmente al ver a su pareja comer enormes cantidades de comida y/o engordar*), damos con mujeres gordas que creen que cualquiera que las considere atractivas debe tener un propósito desagradable o es un pervertido. Que conste, en todo caso, que no opinamos que el fetichismo equivalga necesariamente a perversión, pero si no es lo suyo —y para muchas personas, incluidas nosotras, no lo es—, eso no quiere decir que tenga que encontrar a un fetichista de la gordura o morir sola.

¿Cuál es su problema?

Hay mucha gente, gente común y corriente, que cree que las mujeres gordas son hermosas. También hay otros que lo creerán después de haber conocido a la mujer gorda *indicada*. Y también están los llamados "admiradores de la gordura", quienes no pretenden cebar ni tratar a nadie como un objeto, sino que sencillamente prefieren a las personas gordas, así como otros prefieren a las musculosas o las altas o, pues sí, a las delgadas. Algunos admiradores de la gordura lo describen como una orientación sexual más que una preferencia —solo se sienten atraídos por personas gordas, y desde jóvenes han sabido que son "diferentes"—, pero, sea como sea, se sienten atraídos por las personas gordas de un modo sincero y para nada repulsivo. Todos estos sujetos

---

* Una advertencia: los fetichistas de la gordura pueden ser, simplemente, sujetos que necesitan parejas gordas para alcanzar la satisfacción sexual. Pero el fetiche del cebado, que implica alimentar a la pareja con el propósito explícito de hacerle ganar grandes cantidades de peso, es un poco distinto. En términos generales, no le recomendamos salir con nadie que quiera cambiar su cuerpo —ya sea subiendo o bajando de peso— para su gratificación sexual. Tenga una actitud abierta a distintas posibilidades, pero sea inteligente. Recuerde que está buscando un buen compañero, y eso quiere decir alguien adecuado para usted, no alguien que simplemente se conforme con usted.

que realmente quieren salir con mujeres gordas no son unos locos ni traviesos ni desesperados (aunque puede que algunos sí, y bueno, un loco travieso puede ser muy divertido). Son seres que simplemente consideran atractivas a las mujeres gordas, así como hay quienes se mueren por las pelirrojas. A algunos les gustan las chicas con gafas, y a otros les gustan las chicas gordas con gafas.

¿Dónde rayos están esos sujetos? Puede que esto duela un poco, pero debemos decirlo sin rodeos. Si no suele conocer gente que parezca estar (o que podría estar) interesada en usted, es probable que el problema no esté en el tamaño de su cuerpo. Es probable que el problema esté en cosas cuya transformación no será fácil, pero sí más satisfactoria. Como todo el mundo, los admiradores de la gordura y otros sujetos que se sienten atraídos por mujeres gordas, buscan parejas seguras de sí mismas y divertidas. He aquí la verdad escueta: no hay nada menos atractivo que una persona que no puede dejar de pensar en lo poco atractiva que es.

Kate estuvo soltera durante toda la universidad, y se pasó todo ese tiempo echándole la culpa a su cuerpo. Qué más daba que viera mujeres más gordas con sus novios por todas partes. (Esos tipos eran unos bichos raros, ¡obvio!) Y qué más daba que anduviera por ahí con una depresión no diagnosticada, con cara de pocos amigos y la actitud espantadora de la típica joven de diecinueve años que cree que ya ha visto el mundo y este le resulta profundamente aburrido. Claramente, ¡no era atractiva porque era gorda!

A Kate le tomó mucho tiempo darse cuenta de que bien podría haber tenido la contextura de una modelo y... bueno, seamos sinceras, si hubiera tenido la contextura de una modelo, probablemente habría tenido más sexo en la universidad. Es la universidad, por Dios. ¡Pero no habría tenido más sexo que una modelo con una personalidad agradable! Y de seguro que no habría entablado una relación buena y saludable con un chico genial porque las personas geniales que están en capacidad de entablar relaciones saludables no están interesadas en salir con locas odiosas e inseguras.

Cuando se dice a sí misma que nadie podría interesarse en usted —y actúa de un modo que refleja esa manera de pensar—, el mensaje enviado no es (como quizá piense en el fondo): "Por favor, ¡que alguien venga y me diga que no soy tan fea como creo!", sino: "¿Qué clase de idiota podría interesarse en mí? Oiga, usted, ¿acaso acaba de pensar que soy bonita? ¡Está *equivocado*, imbécil!".

Pues bien, es hora de acabar con esa costumbre. O mejor dicho, ese sistema de creencias. Si alguien le dice que es atractiva, no tiene por qué intentar convencerlo de lo contrario. Y si nadie le dice que es atractiva, en vez de suponer que esto se debe a que no es lo suficientemente sexy, pregúntese a sí misma qué tipo de "vibra" está irradiando. Si solo emana odio a sí misma, nadie querrá acercársele; así de sencillo. (Y, sí, ambas somos conscientes de que el consejo de que "¡Deje de odiarse de una buena vez!" no es muy práctico ni concreto, pero de eso se trata el resto del libro.)

¿Cuál es su tipo?

Otra cosa que debe tener presente es que muy pocas personas tienen "tipos" grabados en una roca. ¿Tenemos preferencias? Claro. Pero las preferencias no son condiciones que deban cumplirse a rajatabla. A Marianne le gustan mucho los hombres altos, pero su marido mide menos de 1,80 m; su preferencia por la altura quedó anulada por su preferencia por la fabulosidad. Él, a su vez, no había salido nunca con una mujer gorda, pero eso no le importó; porque él también tiene una fuerte preferencia por la fabulosidad, y Marianne resultó perfecta. El otoño pasado, una amiga nuestra se casó con un tipo maravilloso del que está locamente enamorada, pero durante el primer año no sintió absolutamente nada por él porque no era "su tipo". A medida que se fueron conociendo, "su tipo" fue cambiando de lo que fuera que fuese en un principio a "alguien exactamente como él". Eso sucede a veces.

Por eso le sugerimos que mantenga una actitud abierta. Si alguien que no es su ideal imaginario le demuestra algún interés, pregúntese si no estará rechazando automáticamente a alguien que podría ser un buen compañero por el simple hecho de no encajar con un estándar inventado por usted. Rechazar al tipo que está sentado al otro lado del bar porque tiene una nariz rara no es muy distinto a ser rechazada por el tipo del otro lado del bar porque usted es gorda, ¿o sí?

Dicho lo dicho, cabe anotar que por supuesto hay cosas en las que no debe ceder, y no le recomendaríamos salir con alguien con quien no sienta ninguna química sexual solo porque ese alguien está dispuesto a salir con usted. Habrá personas que no la atraerán ni ahora ni después, y viceversa. Y esas personas no serán buenos compañeros a largo plazo. Pero considere la posibilidad de ceder en *ciertos* aspectos. ¿Sabe qué más hizo que Kate estuviera soltera durante años? La lista de cualidades que debía tener cualquier potencial compañero: alto, gracioso, con título de una de las universidades más prestigiosas del país (¡aunque ella no había estudiado en ninguna de esas!), feminista a rabiar, bien afeitado, de gafas, estudiosillo, con un empleo bien remunerado en un campo artístico (¡en serio!), dispuesto a vivir en Estados Unidos o Canadá dependiendo de sus caprichos de doble nacionalidad, dispuesto a quedarse en casa cuidando a los hijos... y un larguísimo etcétera. Ese tipo no existe. Estar dispuesta a ceder un poquito ampliará sus posibilidades mucho más que el hecho de perder veinte kilos.

Un pie delante del otro

Por supuesto que no hay una ruta garantizada para encontrar el amor. Si la hubiera, lo más probable es que no cupiera en un solo capítulo de un libro. Creer que hay seres completamente normales que podrían sentirse atraídos por usted, convencerse de que merece ser amada, actuar con seguridad y relajar sus estándares (¡solo un poco!), todo esto le permitirá atraer a más compañeros potenciales. Pero, en todo caso, siempre hay factores que no podemos controlar.

Está el factor del "no le intereso". Eso sucede, y no hay nada que hacer, aparte de seguir adelante.

También está el factor del momento oportuno. Kate, por ejemplo, tiene una capacidad increíble para fijarse en tipos que ya están comprometidos. Pero, a no ser que todos los interesados sean felizmente poliamorosos, *no salga con sujetos que no estén solteros*. Esto acabará con su autoestima, y entonces tendrá que perder tiempo releyendo este libro cuando podría estar tomándose unas copas con un nuevo galán (o con sus amigos).

Y, por último, está la desafortunada realidad de la sociedad en que vivimos. Pues también puede haber personas que la consideren atractiva, pero que no sean capaces de admitirlo. ¿Conoce la página PostSecret.com, donde la gente envía postales en las que revela su lado más profundo y oscuro? (Si no la conoce, y sabe inglés, debería echarle un vistazo. Es genial.) Uno de los secretos más tristes que hemos encontrado allí había sido escrito, esperamos, por la mano de un adolescente que madurará y desarrollará la seguridad necesaria para no volver a hacerse esto a sí mismo ni a otra persona: "Te dejé porque mis amigos se burlaban de mí por salir con una CHICA GORDA. Pero todavía estoy enamorado de ti". Es espantoso, en muchos sentidos, pero usted sabe lo que dicen de las cosas malas: pasan. Usted no es la única a la que le llega el mensaje de que solo los bichos raros y enfermos quieren salir con mujeres gordas; nos llega a todos, hombres y mujeres, gordos y flacos, homosexuales y heterosexuales, y todos los matices que median entre esos binarios. Para hacerles frente se necesita fuerza y valentía, sea usted la chica gorda o la persona que se siente atraída hacia ella. Hay quienes simplemente no dan la talla, y lo único que podemos hacer es asegurarnos de estar siempre a la altura.

CUARTA PARTE

Evitar la negatividad

Capítulo 13

No andar con personas que dicen cosas negativas de nuestro cuerpo

¿Recuerda cuando era pequeña y volvía a casa llorando porque alguien le había dicho algo cruel en el recreo? Quizá no todo el mundo tenga este trauma de infancia en particular, pero sígamos la corriente por ahora.

Al volver a casa llorando porque alguien le dijo una maldad, la persona que la recibía seguramente le habrá explicado que las personas que nos dicen cosas crueles no son nuestras amigas. Este puede haber sido un concepto difícil de entender en el kínder, pues su amiguita había compartido sus galletas con usted el día anterior, y eso significaba que eran buenas amigas. Pero, siendo como son las cosas en el kínder, usted tuvo que comprenderlo y hacer nuevos amigos.

Ay, cómo quisiéramos que todo el mundo recordara esta lección de infancia.

¿La amiga que gruñe como un cerdo cuando salen a almorzar? No es su amiga. ¿La que insiste en que salga a comprar ropa con ella para inspirarla a perder peso? No es su amiga. ¿La que hace comentarios sobre cómo su trasero parece haberse ensanchado últimamente? No es su amiga. Y si estos ejemplos le parecen exagerados, piense en la amiga que siempre le habla de su dieta... ¡ojo a la insinuación! La amiga que le sugiere escoger el vestido oscuro porque la hace parecer más delgada. La amiga que la mira con recelo si pide algo distinto a una ensalada. No hace falta adoptar un comportamiento tan obvio para comunicar el mensaje.

En la edad adulta, así como en la infancia, una persona que insiste en criticarnos no es nuestra amiga. Los amigos se apoyan mutuamente. Se fortalecen entre sí, y quieren lo mejor para el otro. "¿De verdad quieres comerte eso?" es la versión adulta de "Eres una carepedo asquerosa".

Y, en realidad, es parte de lo que hace que sostener conversaciones sobre la gordura sea tan delicado. La supuesta amiga dice que está preocupada por su salud, que solo quiere lo mejor para usted, *bla bla bla*; pero si fuera cierto, lo diría de un modo que no la hiciera sentirse avergonzada y atacara su autoestima. En una ocasión, después de haber engordado un poco, Kate le pasó unos pantalones geniales a una amiga a la que le quedarían perfectos. En lugar de limitarse a darle las gracias, la "amiga" comentó: "Ay, no te preocupes. ¡Ya lograremos que vuelvas a caber en ellos!". Kate no estaba preocupada, y si hubiera albergado la intención de volver a caber en esos pantalones, en realidad no habría sido una misión en plural. Pero algunas mujeres ven el peso de sus amigas como un proyecto colectivo y creen que tienen que "ayudar" a la amiga gorda haciendo comentarios sutiles y no tan sutiles sobre su cuerpo. Pero eso no ayuda, y esas mujeres no son buenas amigas.

Amigas que se preocupan de verdad

También hay muchas personas que usan una máscara de preocupación por la salud para poner una cara más aceptable a su odio a la gordura. Pero recuerde que una verdadera amiga no asumirá comportamientos hirientes. La preocupación genuina por nuestro bienestar es una cosa maravillosa, y debemos valorar a quienes demuestren un interés sincero al preguntar por nuestra salud. ¡No quieren que nos pase nada! Y eso es genial. Pero hay una gran diferencia entre decir: "Oye, me preocupa que tu peso empiece a tener un impacto negativo en tu salud" —y luego disponerse a escuchar y respetar la respuesta, sea cual sea—, y decir: "Oye, ¡ese trasero gigante va a acabar contigo algún día!". (Marianne quisiera haberse inventado este ejemplo, pero, ¡ay!, los hijos de algunas personas nunca aprenden.)

Entonces, ¿qué hacer con una amiga que no parece poder dejar de hacer comentarios sobre lo que usted come? Primero, le sugerimos que haga valer sus derechos. No tiene que ser grosera, pero sí firme. No decir nada no cambiará la situación, y es posible que su amiga no se dé cuenta de lo que está haciendo. Porque, reconozcámoslo, vivimos en un mundo obsesionado con las dietas y en el que las conversaciones negativas sobre el cuerpo son pan de cada día. Y es posible que su amiga no se dé cuenta de cómo la hacen sentir esos comentarios.

El modo como se desarrolle la conversación depende de usted, por supuesto, pero le sugerimos que no le dé demasiada importancia, al menos al principio. La próxima vez que su amiga le diga: "Oye, esos pantalones realzan lo rechonchas que son tus piernas", intente responderle con un "¿Sabes qué? Ese tipo de comentarios me duele mucho. Estoy contenta con mi cuerpo, y los comentarios negativos no me ayudan en absoluto". Es un buen momento para recurrir al lenguaje no-contencioso.

Si después de la conversación su amiga se esfuerza por no criticar su gordura, ¡genial! Cuenta usted con una buena amiga. Pero si insiste en que no está haciendo nada malo y solo pretende ayudar y, bueno, si tan solo adelgazara un par de kilos no estaría tan irritable todo el tiempo... esa persona no es su amiga.

Si ese es el caso, por doloroso que sea, es hora de cortar los lazos. No será fácil, y pasará un buen tiempo preguntándose si ha hecho lo correcto o si podría solucionar el asunto y recuperar la amistad. Es probable que vea muchas películas de Sandra Bullock (he aquí el remedio secreto —bueno, ya no tan secreto— de Marianne) y quizá llore. Y todo eso está bien.

Pero trate de recordar que, en medio de todo, ha hecho algo de lo que debe enorgullecerse: se ha ocupado de su salud mental y ha pensado en lo que es importante para usted en el momento necesario. Porque una "amiga" que le produce un daño emocional de manera deliberada no merece andar con usted. Otra cosa que vale la pena recordar cuando se siente triste por la pérdida de su supuesta amiga es que en el mundo hay mucha gente por conocer. Esto implica hablar con gente tanto en persona como por Internet, y aquí es donde pueden resultarle útiles los pasatiempos que no tienen nada que ver con su peso. Dé ese primer paso. Invite a ese simpático compañero de la clase de cerámica a pasar un rato con usted y sus amigos. Salga de compras con la mujer con la que trabaja de voluntaria en la biblioteca.

Todo en familia

Por supuesto que hay personas de las que no podrá deshacerse. Y aunque es posible cortar los lazos con algunos miembros de la familia, no siempre es una solución práctica. Además, los parientes, sobre todo los más cercanos, saben tocarnos las fibras mejor que nadie. Después de todo, ¡están hechos de la misma fibra! ¿Qué hacer entonces?

Establecer límites. Si tiene un tío que hace algún comentario sobre su peso cada vez que se ven, es hora de comunicarle que esto no le parece aceptable. Es fácil convencernos de que no tenemos que hacer valer nuestros derechos ante la familia, pero establecer límites significa asumir con firmeza nuestra propia defensa.

También puede significar tener que sentarnos a entablar conversaciones potencialmente incómodas. Cuando su madre vuelve a decirle lo hermosa que sería si tan solo adelgazara diez kilos, respóndale que usted es hermosa tal como es y que no piensa hablar de su peso con ella. Punto. No hace falta perder los estribos —de nuevo, el lenguaje no-contencioso suele ser el que mejor funciona en estos casos—, pero debe ser firme. "Mamá, agradezco tu preocupación, pero no pienso hablar de mi peso contigo". Luego cambie de tema.

Incluso si no agradece la preocupación de su madre —porque ya lo ha mencionado un millón de veces—, es probable que ella crea que le está expresando cuánto la quiere. No sabemos muy bien cómo funciona esta lógica, pero ese parece ser el propósito de las madres al hacer comentarios de ese estilo. Tenga esto presente al responderle, pues por más que la enloquezca, su madre la ama. Lo que no quiere decir que tenga derecho a decirle qué hacer con su cuerpo adulto.

Otra cosa que puede cambiar sin recurrir siquiera a una charla incómoda es el modo como usted misma se refiere a su propio cuerpo cuando está con su familia y amigos. Hacer comentarios despectivos sobre sus muslos o sus michelines les envía a los demás el mensaje de que esos comentarios negativos son aceptables. Y eso no está bien.

Nada de esto es fácil. Y lidiar con la familia es especialmente difícil y asustador. Pero al establecer límites con la familia y los amigos protegemos nuestra salud mental. Pues ocuparnos de nosotras mismas es importante. Y necesario. Ocuparnos de nuestras necesidades es importante y no deberíamos dejarlo de lado por la errónea idea de que los demás son más importantes. Piénselo de este modo: usted no dejaría que nadie dijera esos comentarios sobre su mejor amiga. Sea su mejor amiga y no permita que nadie se los diga a usted tampoco.

Capítulo 14

No andar con personas que dicen cosas negativas de su propio cuerpo

Cuando dejamos de andar con personas que hacen comentarios negativos sobre nuestro cuerpo, empezamos a darnos cuenta de que conocemos a muchas que dicen cosas negativas sobre su propio cuerpo. Tristemente, esto es igual de nocivo.

Por lo general, la gente no suele estar de acuerdo con que pongamos en tela de juicio sus propios comentarios despectivos. Después de todo, dirán, ¡no están hablando de *nuestro* cuerpo! ¿Qué importa lo que digan acerca de su cuerpo? Nuestro cuerpo está bien.

Lástima que esa no sea la sensación que producen.

Marianne pesa más que muchas de sus amigas (individualmente y, en algunos casos, combinadas, ¡ja!), y cuando esas amigas más delgadas se quejan de lo gordas que están o de lo desagradables que son sus cuerpos, aun cuando no sea su intención, transmiten un comentario implícito sobre el cuerpo aún más gordo de Marianne. Al fin y al cabo, si alguien que pesa cuarenta kilos menos piensa que su cuerpo es un horror, ¿cómo es posible que el de Marianne no lo sea?

"¡No me refiero a ti!"

Según nuestra experiencia, la gente que dice esto cree sinceramente que su cháchara autodespectiva no tiene ningún efecto en los demás. Si usted comenta que su trasero es el doble de grande que el de la amiga que está despotricando, esta dirá algo como: "¡Pero tú siempre luces estupenda! ¡No me refiero a ti! ¡Es que simplemente no me gusta como soy yo!". Fenomenal, pero acabas de decir que eres demasiado gorda, y yo soy claramente mucho más gorda. ¿En qué planeta eso no es también un comentario sobre mi cuerpo?

Es probable que estas personas padezcan una grave dismorfia corporal, o que no puedan ver más allá de sus no tan gordos cuerpos. Sea lo que sea, son nocivas. No podemos controlar lo que nuestras amigas piensan de sí mismas, ni tampoco deberíamos. Pero, una vez más, sí podemos elegir con quién andamos.

Ahora bien, querida lectora, quizá esté pensando que pretendemos alejarla de todas las personas que conoce y que pase el resto de su vida rodeada de gatos, o que empiece a buscar nuevos amigos desde cero. Pero en realidad no le sugerimos aislarse de todos sus seres queridos. Solo queremos hacer hincapié en que merece tener amigos y conocidos que no la hagan sentirse como basura, y que esas personas existen de verdad.

Contagioso

El gran problema de andar con personas que viven echando monólogos negativos acerca de su propio cuerpo es que es contagioso. Es casi imposible andar con alguien que no deja de hablar de los defectos de su cuerpo, sean reales o imaginados, y no empezar a criticar nuestro propio cuerpo. Aunque suene un poco nueva era, si nos rodeamos de negatividad, no es difícil terminar hundiéndonos en ella.

Piénselo. Está con una amiga que comenta: "Ay, Dios, cómo odio mis brazos. Nunca podré ponerme una camisa sin mangas". Usted no les ve ningún problema a los brazos de su amiga, pero empieza a pensar en los suyos. O lo cierto es que, de suyo, se siente un poco incómoda al pensar en andar con los brazos al descubierto y, bueno, si los de su amiga no clasifican, *usted* definitivamente no podrá ponerse nunca esa camisa. Pásenme la manga larga, por favor.

Entonces ahora le toca tener otra de esas conversaciones incómodas. Sabemos que le estamos pidiendo mucho, sí, pero prometemos que es para bien. La próxima vez que salga de compras con su amiga y ella empiece a decir pestes de su propio cuerpo, indíquele cortésmente que sus comentarios negativos la hacen sentir mal. No tiene que darle demasiada importancia, pero debería advertirle, cada vez que esto suceda, lo negativa que es esa actitud. Y si su amiga no puede cambiar, probablemente sea hora de buscar una nueva compañera de compras.

Es una situación en la que dar un buen ejemplo, por cursi que suene, puede resultar realmente provechoso. Si en lugar de hablar mal de su cuerpo, usted se elogia y enfatiza lo maravillosa que es, puede que su amiga se contagie.

Si no sucede, no lo tome como un fracaso personal. Sus mensajes positivos solo pueden contrarrestar hasta cierto punto todos los mensajes negativos transmitidos por los medios. Si sus amigas no quieren subir al tren de la aceptación propia, no puede hacer mucho más. Y aunque no puede obligarlas a amar su cuerpo, tal vez pueda lograr que dejen de despotricar de sus codos rechonchos.

Capítulo 15

No participe en conversaciones sobre dietas

Hay quienes dicen, en su infinita sabiduría, que nada une más a la gente que una crisis. Quizá por eso las charlas sobre las dietas unan a tantas mujeres. ¡No cabe duda de que los efectos producidos en la mente por la privación y una alimentación deficiente pueden verse como una situación de crisis en el cuerpo!

Hemos advertido que si juntamos en un restaurante a un grupo de mujeres promedio, la conversación girará muy probablemente en torno a cuántas calorías han consumido o quemado, cuántos kilos "necesitan" adelgazar, qué talla eran a los dieciocho años y qué talla serán cuando terminen la última de una larguísima serie de dietas. En lugar de disfrutar la comida por la que están pagando, estas mujeres hablan de lo "bien" o lo "mal" que se están portando, lo difícil que es resistirse a echarle mantequilla al pan, o al pan mismo, *bla bla bla*. Y cuando llega el postre, ¡empieza la verdadera recriminación propia!

Querida lectora: esto está mal. Este comportamiento es tan ridículo y tan lleno de odio a sí mismo, que nos cuesta creer que alguien pueda participar en ello de manera voluntaria, y más aún considerar divertida una velada de ese estilo.

Hay demasiadas mujeres que sustituyen una verdadera conversación por una charla de dietas. La usan para unirse, pero en realidad crean lazos superficiales que socavan la posibilidad de establecer una verdadera conexión. Aunque pretenden aliarse como hermanas unidas por una misma causa, terminan enfrascadas en una competencia. ¿Quién adelgazó más esta semana? ¿Quién engordó? ¿Quién pidió la vinagreta aparte? ¿Quién hará una hora extra de gimnasio para justificar haber pedido un aperitivo? ¿Quién parece incapaz de resistirse a esa maravillosa tarta de chocolate?

No sea una de esas mujeres, ¿sí? Cuando se encuentre ante un postre irresistible, recuerde lo que dijimos acerca de la alimentación intuitiva y escuche a su cuerpo. (¿Todavía tiene hambre? ¿Le apetece algo de dulce? ¿Simplemente quiere probarlo, pero no comérselo todo (en ese caso, si no consigue convencer a sus amigas de compartirlo con usted, le damos permiso de dejar el resto)? ¿Cree que podría comérselo todo con gusto y no sentirse demasiado llena ni con una sobredosis de azúcar? Todas esas posibilidades son válidas; solo tiene que consultarlo con su cuerpo, no con la parte del cerebro que decide si comer postre sería un lastre social.) Y cuando se enfrente a la carta del menú, no pida ensalada solo porque esa parece ser la opción virtuosa y baja en calorías. Escójala porque le apetece una lechuga fresca y crujiente. Y si no le apetece, no pida la bendita ensalada.

Escoja el plato que quiera comer y busque otro tema de conversación. Así abrirá derroteros y guiará a estas mujeres (y también a algunos hombres) hacia el emocionante mundo de las conversaciones de verdad.

En el restaurante

La próxima vez que salga a comer y alguien comente que no podría comer *eso* ni de riesgos, usted puede escoger entre dejar que el comentario pase inadvertido y cambiar de tema, o enfrentar a la persona preguntándole por qué no puede darse el gusto de comer algo que claramente le apetece.

Si escoge la primera opción, es probable que tenga que cambiar el tema muchas veces durante la comida. Durante esa comida, y la siguiente, y probablemente la siguiente. Y eso está bien, si es una persona paciente y la actitud no-contenciosa va más con usted. Vaya a la comida preparada con historias interesantes, preguntas que pueda hacerles a las demás comensales y mucha paciencia para soportar los inevitables comentarios sobre los alimentos "malos". Hace poco, Kate fue a comer con dos viejas amigas que sabían que escribe un blog sobre la aceptación del cuerpo y estaba escribiendo este libro en ese momento, y aun así tuvo que sortear diatribas contra el malévolo arroz blanco, sobre cómo los jóvenes de hoy son incapaces de usar las escaleras en vez del ascensor y cómo una hora diaria de gimnasio ya no le bastaba a una de sus amigas para adelgazar. Como Kate no tenía ánimos para ponerse a pontificar esa noche, se dedicó a cerrar el pico y cambiar el tema cuantas veces fue necesario.

No obstante, si está harta de sutilezas —y dispuesta a arriesgarse a que esas personas no vuelvan a invitarla a comer—, es hora de ser más directa. La próxima vez que alguien diga: "¡Huy! Me estoy portando bien, estoy a dieta", pregúntele: "¿Por qué le confieres una virtud moral a la comida? ¿Crees que comer puré de papa realmente te hará mala persona?". He aquí una conversación incómoda. Sobre todo si se trata de una de esas "amigas" que viven haciendo comentarios sobre lo que usted come. Una vez, Marianne salió a comer con una nueva amiga, Stephanie, quien pidió agua cuando el mesero les tomó la orden de las bebidas. Para poner conversación, Marianne le preguntó si no bebía alcohol, a lo que Stephanie contestó riendo: "Es que estoy embarazada. No siempre soy así de gorda". Marianne se rio y replicó: "¡Huy! Yo siempre soy así de gorda. Soy gorda, simplemente". ¡Qué incómodo! Pero gracioso, visto en retrospectiva, y en las siguientes salidas a comer, Stephanie no volvió a usar la palabra "gorda" en un sentido negativo.

Quizá usted tenga más tacto que Marianne. Pero si no es el caso, rechazar las conversaciones de dietas en la mesa realmente ayuda a tener experiencias gastronómicas más placenteras.

Mi espacio y otros más

Por desgracia, las charlas sobre las dietas no se limitan a las salidas a comer con las amigas. Suceden en las oficinas, en las comunidades de Internet y en los probadores de las tiendas. Y aunque no podemos aislarnos completamente de ellas, podemos hacer un esfuerzo por erradicarlas de nuestros espacios. Si tiene un blog, como Kate y Marianne, infórmeles a sus lectores que es un espacio antidietas. Dígales a sus colegas de la oficina que lo lamenta, pero que usted no cree en las dietas y no podrá acompañarlas al almuerzo si no piensan cambiar de tema. No participe en competencias de la empresa para ver quién puede adelgazar más, y si cree que puede hacerlo sin poner en riesgo su trabajo, comuníqueles a sus superiores que esa clase de programas de "bienestar" pueden ser tremendamente nocivos para las personas con un historial de trastornos alimentarios, por no mencionar a los gordos comunes y silvestres.

Hay que tener agallas, pero cuanto más les comunique a los demás que no piensa soportar su cháchara permanente sobre la autoprivación, menos tenderán ellos a entablar ese tipo de conversaciones con usted. Y es probable que esto también les resulte reconfortante a esas otras personas.

Capítulo 16

Busque imágenes de mujeres gordas felices, saludables y atractivas

Encendemos la televisión, y todas las mujeres que vemos son talla 0. Abrimos una revista, y lo mismo. Vamos al centro comercial, y vemos nuevas prendas exhibidas en maniquíes diminutos en las vitrinas de tiendas que ni siquiera venden nuestra talla. Si al contemplar el mundo lo único que vemos son mujeres delgadas, es muy fácil empezar a sentir que nuestro cuerpo es demasiado grande para este mundo.

Se dice que la mujer estadounidense promedio usa una talla 14 (es decir que el cincuenta por ciento usamos una talla más grande), pero es absurdo ver a cualquier mujer delgada como la norma y a todas las demás como una excepción. Sin embargo, así es. El problema es que es realmente fácil pasarse el día entero interactuando con unas pocas mujeres de verdad, pero viendo una cantidad de imágenes de mujeres que son todas flacas, y eso puede hacerle sentir que ni usted ni su gordura son aceptables. Y aunque *todos* somos aceptables, sin importar cuál sea nuestra talla, puede que sea difícil recordarlo cuando nuestra imagen cultural de un peso "normal" es mucho más pequeña de lo común, o incluso saludable. (Un dato curioso: la categoría del "sobrepeso" del IMC tiene la tasa de mortalidad más baja de todas; más baja que la de la "normal".[1]) Las personas muy delgadas no son una muestra típica de la población ni tampoco son necesariamente más saludables. Al igual que las personas muy gordas, tienen un tipo corporal que está en el borde de la curva, mientras que la mayoría está en algún punto intermedio. Sin embargo, los medios de comunicación presentan ese tipo corporal poco común como el más común del mundo.

Mujeres pintadas (y demás)

En el mundo hay muchos tipos corporales, y muchos tonos de piel. Solo necesita los soportes visuales para comprobarlo. Si usted es una persona gorda (o negra, o simplemente no cuadra con el estilo de moda dominante), tendrá que recurrir a diversas fuentes para encontrar sus imágenes de la normalidad.

Por supuesto que no hay nada de malo con las modelos y las actrices. Pero si usted no es alta ni esbelta, esas mujeres no la representan. Tampoco representan a su calle ni a su barrio (a no ser que viva en Los Ángeles). Así que recuerde: lo que más vemos es lo que consideramos como la norma. Por tanto, diversificar para incluir un repertorio de mujeres de otras formas y tamaños le ayudará a recordar que es un ser humano normal, no un hipopótamo.

¿Dónde encontrar esas fuentes alternativas? ¡Por todas partes! Primero, vaya al parque y observe a las mujeres que pasan por allí. Estas tendrán toda clase de cuerpos y tonos de piel y niveles de habilidad. Recuérdese que todas esas mujeres son perfectamente normales y que las que representan el ideal cultural de belleza son poco comunes. (Lo cual, por así decirlo, no es absurdo ni demente ni ninguno de los demás epítetos que suelen utilizarse para referirse a las personas muy delgadas o muy gordas. Tan solo está por fuera de la norma en términos estadísticos.)

Una de las cosas más poderosas que puede hacer para combatir la imagen homogénea de la Mujer presentada por los medios predominantes es dejar de consumir esos medios. No quiere decir que no deba volver nunca más al cine, pero sí recomendamos seriamente dejar de leer algunas de las revistas para mujeres, a no ser que esté realmente aburrida en el salón de belleza. Usted sabe a qué revistas nos referimos, esas que nos dicen que debemos amarnos a nosotras mismas para, a renglón seguido, decirnos cómo "camuflar" esa "malhadada" grasita de la panza. Déjelas en la mesa y no vuelva a abrirlas. No vale la pena soportar tanta tontería solo por seguir las últimas tendencias de la moda. Y si necesita leer una revista mientras espera al doctor, busque una que aborde el mundo desde una perspectiva más feminista, aun cuando no presente una actitud explícitamente positiva ante la gordura. Su psiquis se lo agradecerá.

Y es hora de diversificar. Si le gusta el Arte clásico, con *A* mayúscula, hay muchísimos pintores que preferían retratar y esculpir cuerpos grandes. Sin duda conocerá el término *rubenesco*, acuñado a partir de las últimas pinturas de Peter Paul Rubens, pero ¿ha visto esos cuadros? Sus figuras voluptuosas, exuberantes y barrocas están inspiradas en su joven esposa, Helene. Si los desnudos barrocos no son lo suyo, busque cuadros y esculturas de Fernando Botero. Este artista colombiano es famoso por sus retratos de personas gordas, para disgusto de algunos críticos. Sus esculturas, voluminosas en todo sentido, descuellan con sus carnes generosas. Además, Botero se ha expresado acerca de su propósito, a saber, crear belleza. En lo que a sus gordos respecta, no hay ninguna ambigüedad en sus intenciones.

Si se inclina más hacia la fotografía, es aún más afortunada. ¿Sabía que Leonard Nimoy, quien interpretó a Mr. Spock (no confundir con el famoso pediatra Dr. Spock) en la serie original de *Star Trek*, también es fotógrafo y se ha concentrado en retratar cuerpos gordos en su "Full Body Project"? Otro de nuestros artistas favoritos es la fotógrafa Laurie Toby Edison, cuyo "Women en Large Project" les ha cambiado la vida a muchos espectadores. Y si busca un poco de sensualidad, échele un vistazo al "Adipositivity Project" de Substantia Jones, que aunque no es apto para verlo en la oficina, puede inspirarla a ver su cuerpo con una nueva luz. (Cabe anotar que el Adipositivity Project ha recibido ciertas críticas por destacar a pocas mujeres negras, pero, mientras escribíamos este libro, Substantia estaba en pleno proceso de diversificación.)

¿Por qué no había oído nada acerca de estos proyectos? Probablemente porque los medios están demasiado enfocados en mujeres con un tipo corporal al que solo el dos por ciento de la población puede aspirar de forma natural. Ese es el tipo corporal que la industria de las dietas quiere que consideremos normal. Al fin y al cabo, es así como se ganan su dinero.

Gordos por todas partes

El que no somos unos bichos raros se hace aún más evidente a medida que nos rodeamos de representaciones de mujeres que no están dentro de las corrientes dominantes y no provienen exclusivamente del arte. Interactúe con su comunidad. Únase a comunidades de Internet con actitud positiva hacia la gordura. ¡Y no nos referimos solo a nuestros blogs! Ya sea echando un vistazo en LiveJournal o curioseando viejas ediciones de *Mode* (la mejor revista de tallas plus de todos los tiempos, tristemente fallecida) o nuevas ediciones de *Skorch*, hay imágenes maravillosas de personas gordas por todas partes. Échele una ojeada al blog y la comunidad *Fatshionista* en LiveJournal y en Flickr.com. Todos los días encontrará fotos de gordos fabulosos. Visite las páginas de los vendedores de ropa de tallas plus (aun cuando no pueda comprar nada); en las páginas de tiendas como *Igigi*, *B and Lu* y *Junonia* suelen aparecer mujeres de tallas mucho más grandes que las modelos típicas de las tallas plus. Los fanáticos a las esculturas pueden echar un vistazo al portafolio de Stephanie Metz, cuyos cuerpos de fieltro de lana (de distintos tamaños) son realmente asombrosos.

Por desgracia, no podemos proporcionar una lista extensa y detallada de fuentes provenientes de todos los medios artísticos, pero lo cierto es que a veces puede ser difícil encontrar personas gordas involucradas en proyectos artísticos dominantes. El arte refleja la cultura, y la nuestra... pues sí, ya sabemos cómo es. En todo caso, mantenga los ojos bien abiertos y encontrará cosas, pero las fuentes cambian constantemente. Empiece por las que hemos mencionado y tómeselo como una aventura o una búsqueda en *ginkana*. ¡Luego cuéntenos lo que encuentre!

Al buscar imágenes de personas gordas maravillosas, activas y felices, empezará a darse cuenta de que somos muchas más de lo que sugieren las revistas, las películas y la televisión. Y eso puede inspirarla a creer que usted también es una de ellas. Quién sabe... quizá termine contribuyendo con la galería *Fatshionista* de Flickr.com e inspirando a alguien más.

QUINTA PARTE

Vestirse

Capítulo 17

Hágase amiga de una modista/ aprenda a coser

Usted encuentra un vestido hermoso y perfecto —y, por si fuera poco, ¡está rebajado!— y se lo lleva al probador con grandes esperanzas, solo para ver cómo esas esperanzas se hacen trizas porque el vestido —el vestido de sus sueños— no le queda bien. Le queda demasiado ceñido al estómago, las tiras son demasiado largas, es demasiado grande o pequeño en el talle, y... ¿quién rayos diseña estas prendas?

En situaciones como esta es fácil tender a enfadarse con su cuerpo. Si tan solo tuviera el tamaño adecuado, piensa, la ropa le quedaría bien. Si su pecho fuera del tamaño adecuado, sus piernas más largas, sus brazos más delgados... Si tan solo...

Pero su cuerpo es un organismo viviente; las ropas son objetos inanimados. Mientras que un par de pantalones sigue siendo el mismo, su cuerpo cambia. Y su cuerpo es distinto al cuerpo de la mujer del probador de al lado. Ella también está lidiando con el vestido, aunque probablemente por otras razones.

Parece elemental, pero es importante recordarlo de vez en cuando: todos los cuerpos son distintos. El problema no es nuestro cuerpo. El problema es la ropa.

"Listo para usar" versus "hecho a medida"

Hagamos un poco de historia de la moda: el concepto "de confección" o "listo para usar" [*prêt-á-porter*] es, en realidad, bastante reciente. Los grandes almacenes no se impusieron sino hasta mediados-finales de los años veinte, e incluso después, durante la Gran Depresión, era normal que la gente hiciera su propia ropa. Los más adinerados han mandado a hacer sus vestidos desde siempre por una sencilla razón: las prendas hechas a la medida quedan y lucen mejor. Además se desgastan menos y duran más porque no están sometidas a las tensiones de las prendas que se ajustan "relativamente". Por desgracia, el aprendizaje de la costura como una habilidad vital cayó en el olvido, y la ropa hecha a la medida es costosa. Fue así como se impuso el concepto de "listo para usar", con sus prendas elegantes, pero más económicas y de satisfacción inmediata.

El problema, por supuesto, está en que esas prendas debían ser confeccionadas para ajustarse a un tipo corporal promedio y ser usadas por cuerpos muy distintos que han de ajustarse a un mismo tamaño y una misma talla. Y así nació la *modelo de prueba*, como suele llamársele actualmente, para gran frustración de las mujeres del mundo entero.

Una modelo de prueba es una mujer —por lo general contratada por diseñadores y marcas de ropa— que actúa como figura promedio para la cual se diseñan las prendas. Como no existe una estandardización en las tallas de ropa femenina, las modelos de prueba son la única guía utilizada por muchos diseñadores. Para crear los moldes de las demás tallas, la línea del diseñador se amplía o se reduce, generalmente por computador, a partir de las medidas de la modelo de prueba. Incluso los fabricantes de tallas plus suelen crear sus líneas alrededor de una "talla 18 perfecta"; de modo que si usamos cualquier otra talla, o una 18 imperfecta, la ropa no nos quedará bien del todo.

Esto significa, literalmente, que la ropa *no* está diseñada para ajustarse a nuestro cuerpo. Por tanto —digámoslo una vez más en coro—, el problema no es nuestro cuerpo, sino la ropa.

Incluso si ha encontrado una marca que suele quedarle bien, no quiere decir que se haya salvado del todo. Para su confección, los diseños de las prendas son enviados a las fábricas que están regadas por el mundo. Un pantalón que tiene el mismo diseño de otro, pero es de otro color, puede no quedarle igual porque fueron confeccionados en dos fábricas distintas con dos márgenes de error distintos. Puede que la diferencia entre las dos prendas sea milimétrica, pero esos milímetros pueden tener un gran impacto.

Pero hay esperanza. Puesto que los diseñadores usan distintas modelos de prueba, es posible encontrar una marca cuyas prendas le queden casi como si hubieran sido diseñadas para usted. Y, dado el caso, un par de arreglos pueden hacer que le queden como hechas a la medida.

¿A o B?

Entonces, ¿cuáles son las opciones (distintas a lucir como un precioso desastre)? Pues bien, la tira de la blusa que insiste en caerse solo necesita un arreglo de cinco minutos o una económica visita a la modista.

¿El vestido que le queda grande? Arreglarlo hará que luzca aún mejor y le garantizará una vida más prolongada. Por alguna razón, muchas mujeres se resisten a la idea de mandar a arreglar la ropa aunque, en muchos almacenes, este es un servicio que se ofrece y usa con mucha frecuencia. Mucha gente se desanima porque cree que será muy costoso, pero recuerde que algunas tiendas lo hacen de modo gratuito, y es probable que en la lavandería de su barrio hagan esos arreglos por un precio moderado. Si tiene en cuenta la vida prolongada y el mejor ajuste de la prenda, el costo extra valdrá la pena de todos modos.

Hay algunos arreglos que pueden hacerse en casa fácil y rápidamente, incluso si nunca ha cogido una aguja. ¿Tiene una blusa de abotonar que le queda estupenda, excepto por el hueco que se abre entre el segundo y el tercer botón? Busque una aguja y un hilo que combine con el color de la blusa, siéntese en un lugar con buena iluminación y cosa esa parte con puntadas pequeñas. Aunque dejará de ser una blusa de abotonar, podrá usarla sin la menor vergüenza. Otra alternativa, bastante más provisional, es usar un broche muy pequeñito para mantener cerrado el hueco. (No olvide quitar el broche antes de lavarla para evitar que se oxide.)

¿Tiene un vestido cuyas tiras se le caen constantemente? Póngase el vestido, mida cuánto les sobra y póngales un broche o cósalas a mano. ¿Los pantalones le quedan grandes en la cintura? Este arreglo es un poco más complicado, y si aún no se siente cómoda con la aguja, lléveselo a una costurera o modista.

Por supuesto que también puede aprender a coser su propia ropa (cosa que le gusta señalar a Marianne). No necesita unas herramientas demasiado costosas ni elegantísimas para confeccionar prendas que se ajusten tanto a su cuerpo como a su estilo. Lo único que necesita es una máquina de coser y ciertas bases de costura, que puede adquirir con clases, libros o alguna amiga o pariente que sepa coser. Aunque coser no siempre resulta igual de económico que comprar en las rebajas (algunas telas son muy caras), el ajuste a la medida vale la pena pagarlo.

Al coser con moldes —lo cual no es indispensable si tiene un conocimiento básico de costura—, debe ser consciente de que tendrá que hacer ciertos arreglos para que las prendas le queden a la medida. La costura es un proceso individual y a veces puede resultar frustrante. No obstante, la recompensa es un vestuario único y maravilloso.

Un vestuario que no solo le queda, sino que le queda bien. Las prendas que le quedan bien no tienen que quedarle ceñidas ni responder a una preocupación por la "figura", pero sí deben ser de la talla adecuada. La ropa comprada en las tiendas suele estar diseñada con una cierta "soltura", y allí radica la diferencia entre las medidas de esa ropa y nuestras medidas individuales. Si nos ponemos prendas con demasiada soltura, nos quedan grandes, y esto puede producir la sensación de que ese espacio extra esconde nuestra gordura, pero lo cierto es que suele hacernos lucir descuidadas. Si no sabe cuál es su talla, vaya al centro comercial con una buena amiga y mídase distintas tallas. Las que son demasiado ceñidas le quedarán incómodas; las demasiado grandes quizá le queden como una carpa. (Claro que si se mide un vestido trapecio es muy posible lucir con éxito el aspecto de carpa. Nuestra amiga Lesley, de Fatshionista.com, es una acérrima defensora de esta línea y tiene un argumento relevante para muchas mujeres cuyos cuerpos no se ajustan al ideal de esta sociedad: "Estas son prendas que, por increíble que parezca, están hechas para ajustarse a mi figura *real*. Que resuenen las risas cuando oímos a tantas personas exclamar que solo las extremadamente flacas —es decir, aquellas cuya figura es el opuesto total del vestido trapecio en sí— pueden lucirlo con éxito".)

Ya sea que encuentre una marca particular, vaya adonde una modista o aprenda a coser, la ropa le quedará mucho mejor porque se ajustará a su cuerpo. Recuerde que usted no tiene la culpa de que algo no le quede. He aquí nuestra regla de oro al ir de compras: *¡No se culpe a sí misma, culpe a la prenda!* Así que devuélvale el vestidito a la dependienta y busque algo que luzca despampanante en su cuerpo real.

“¡NO PUEDO CONDUCIR CON ESTE ABRIGO!”

Y otras razones para culpar a la modelo de prueba

por Joy Nash

Un día, hace unos tres años, me topé en Internet con una tabla de medidas para modelos de prueba y, para mi enorme sorpresa, descubrí que soy una “talla 18 exacta”. Busqué “agencia de modelos de prueba” en Google, me presenté una semana después y salí de allí con un contrato firmado. Así de fácil, en serio. Después de contratarme, mi agencia me hizo tomar un curso intensivo de modelos de prueba para hacerme una idea de cómo funcionaba el asunto y luego empezó a enviarme a entrevistas.

Para los no iniciados: la modelo de prueba proporciona un marco de referencia con el cual trabajan los diseñadores. Si usted no es modelo de prueba (o no tiene las mismas medidas exactas), entonces la ropa de las tiendas no le quedará a la perfección. Es una desgracia, pero en realidad no hay otra alternativa económica. Las modelos de prueba somos, en esencia, maniquíes vivientes para los diseñadores y quienes hacen los moldes. Somos “proporcionadas” —es decir, con más cuerpo de guitarra que de aguacate—, con una altura que oscila entre 1,65 y 1,75 metros (quien sea más alta necesitará una talla *tall*, más baja y será *petite*). Por lo general, somos talla 18, o 2X, pues esa es más o menos la media dentro del registro de las tallas que se venden en las tiendas: 14/16, 18/20, 22/24, 26/28 o 0X, 1X, 2X, 3X, 4X.

Una vez aprobado el molde para la 18, se adecua al resto de tallas. La modelo de prueba tiene la responsabilidad de medirse las muestras y comentarle al diseñador cualquier problema, como por ejemplo: "No puedo alzar los brazos. Creo que debería soltar un poco la costura del hombro" o "Estos pantalones necesitan una cremallera más larga, así no me pasan de las caderas". Fundamentalmente, se nos paga (y bastante bien) por mantenernos en una talla exacta y hacer todos los comentarios sobre los aspectos tridimensionales que los diseñadores no pueden ver en los diseños o versiones bidimensionales.

Una vez hechos los comentarios, se hacen los ajustes, se cose una nueva muestra y la modelo debe presentarse para una nueva prueba. Y así sucesivamente; a veces se requieren tres o cuatro revisiones antes de aprobar y empezar a producir una nueva muestra.

Tanto dentro de las categorías plus como dentro de las convencionales, existen las de *junior* y *missy*. Una modelo de prueba *junior* plus suele ser una talla 1X o 16, y sus medidas son: 102-105 cm de busto, 84-86 cm de cintura y 109-111 cm de cadera. Esta talla presupone que uno tiene un busto ligeramente más pequeño, prefiere un corte más bajo en los pantalones y, por lo general, le gustan las cosas más coloridas, llamativas y entalladas. Asimismo, las tallas *junior* suelen venir en números impares: 13, 15, 17; mientras que las *missy* son pares 14, 16, 18.

Las *missy* son un poco más generosas; suponen que uno tiene un busto más grande y una cintura semidefinida. Las medidas de una *missy* 18 suelen ser: 115-125 cm de busto, 90-105 cm de cintura y 120-130 cm de cadera. Asimismo, cualquier prenda que lleve una *W* después del número (14W, 24W) es una talla *missy*.

Ahora voy a hacer propaganda pura, pero resulta que uno de mis primeros clientes fue Paige Premium Denim, lo que significó para mí una mina de oro. Su diseñadora, Paige Adams-Gellar, trabajó durante años como modelo de prueba de marcas como True Religion, Seven for All Mankind, Guess y Lucky Brand —famosas todas por su maravilloso corte— antes de abrir su propia línea. Y, claro, Paige Premium Denim es famosa en el mundo de las tallas convencionales por su increíble corte. Según Kate, soy la reina de la suerte, pues resulta que Paige me escogió como su modelo de prueba al expandir su línea a las tallas plus.

Recuerdo que, en las primeras pruebas, me ponía los jeans y pensaba que me quedaban de maravilla. Pero esta mujer gana lo que gana porque es una perfeccionista. De modo que me miraba y decía que había que inclinar los bolsillos diez milímetros, soltarle cinco a los muslos y cogerle quince a las caderas. Y yo pensaba: ¿Y la chica que tiene quince milímetros más de cadera? ¡A ella le fascinarían! Pero, como fui aprendiendo con el tiempo, eso no importa. Si los jeans se hacen para quedarle bien a una chica con más curvas, entonces la de menos curvas tendrá que lidiar con mares de tela. Si se hacen pensando en un trasero plano, a las "culonas" no les pasarán de las caderas. Los jeans debían quedarme a mí, y yo debía hacer los comentarios que permitieran crear un par de jeans que se ajustaran perfectamente a mi cuerpo. Este (desafortunadamente) no era el momento de abogar por los derechos de las masas.

Dado que es imposible hacer prendas que les queden bien a quince chicas distintas para luego promediar las diferencias, los diseñadores deben escoger un cuerpo que se aproxime a la media y diseñar para este. Por tanto, mientras no todos diseñen como la línea "Right Fit" de *Lane Bryant*, con distintos cortes para las distintas formas... ¡cómprese una máquina de coser!

Capítulo 18

Compre ropa maravillosa y úsela

Este será el capítulo más corto del libro. Porque, en realidad, lo que debe saber —y creer firmemente— es que no hay casi ninguna excusa para comprar ropa que no le guste. Si tiene un presupuesto apretado, o una talla que limite sus opciones incluso dentro del mercado de las tallas grandes, es cierto que puede ser más difícil que para el resto. Pero no imposible.

Hemos advertido que muchas mujeres gordas —incluso las que no tienen limitaciones de presupuesto ni de talla— compran *cualquier* cosa que les quede. Aun cuando no les guste. Aun cuando no sea lo que buscaban en un principio. Debido a la escasez relativa en las prendas para mujeres gordas, encontrar algo de nuestra talla, algo que nos quede "suficientemente bien", puede parecer todo un triunfo. Pero nosotras creemos en la búsqueda de lo genial. Al comprarse algo que no le fascina, se menosprecia. Y todas nos merecemos prendas que nos hagan sentir maravillosas.

Por tanto, esa falda de satén con corte de sirena que estaba en rebaja y que ni siquiera quiso probarse porque "nunca tendrá dónde ponérsela", y ese vestido fabuloso que es un poquito demasiado para su trabajo actual... ¡Cómprelos! Compre (¡o haga!) prendas que le emocione ponerse. Así irradiará esa actitud y lucirá aún más estupenda que las prendas.

¿Y ese viejo dicho de que es mejor tener unas pocas prendas costosas que cien baratas? Si realmente le fascinan esas pocas prendas costosas, es absolutamente cierto. Y no lo es simplemente porque nosotras lo decimos. Lo es por aquello de la relación precio-por-uso. ¿Eso qué significa? Significa, por ejemplo, que usted encuentra un vestido que le encanta y cuesta cien dólares, y lo compra. Luego se lo pone una vez por semana a lo largo del próximo año. Asimismo, encuentra otro vestido que cuesta veinte dólares, y lo compra, pero solo lo usa dos veces al año. El vestido de los cien dólares le sale costando menos de dos dólares por uso, mientras que el que parecía una ganga le sale costando diez dólares por uso porque, sencillamente, no le gustaba lo suficiente.

Recuerde: el objetivo es empezar a vivir ahora. No cuando sea talla seis. Vivir ahora significa no castigarse con un armario vacío o deficiente. Compre y use prendas que la hagan sentirse maravillosa; no importa si eso significa usar vestidos elegantes todos los días o una colección de pantalones negros que se ajustan a las mil maravillas tanto a su cuerpo como a sus necesidades.

Sabemos que no a todo el mundo le encanta ir de compras, como a nosotras. Si lo odia, hoy es su día de suerte, porque podrá beneficiarse del conocimiento del mercado de tallas plus que hemos adquirido después de años de ensayo y error. Si piensa comprar por Internet, verá que hay muchísimas más opciones (para todos los presupuestos) de lo que suele pensarse. Si le interesa leer reseñas sobre las tiendas, y sabe inglés, visite la página Fatshionista.com, donde se publica una lista exhaustiva y constantemente actualizada, junto con comentarios de los clientes.

¡Y decídase a ponerse ropa que le encante!

CONSEJOS DE SEGUNDA MANO PARA GORDITAS

por Cynara Geissler

Las reseñas sobre tiendas, publicadas en páginas de la gordosfera, como Fatshionista.com y LiveJournal.com, son muy buenas fuentes para descubrir las últimas modas para gordos tanto en Internet como en las tiendas de ladrillo y cemento. Y es cierto que el placer de ponerse una prenda nuevecita, sin estrenar y con la etiqueta colgando, es un hecho innegable, pero también lo es el descubrir ese vestido precioso y único entre montañas de suéteres añejos y camisetas desvaídas.

En general, cuando deseo una prenda en particular, voy primero a las tiendas de ropa usada. Yo creo que, como sociedad (en la que me incluyo firmemente), producimos demasiado, consumimos demasiado y desechamos aún más. Por eso compro artículos de segunda mano (cuando es posible), no solo porque siento un afecto perdurable y profundo por el poliéster indestructible y la ropa *vintage*, sino porque puedo justificar un ropero de tamaño considerable si buena parte de su contenido está compuesto de prendas recicladas. Comprar en las tiendas de segunda mano es una forma de contribuir personalmente (aunque sea en proporciones microscópicas) con un planeta más sano (y salvarme de vivir, literalmente, en mis zapatos). A estas alturas, quizá esté pensando: "Oye, Cynara, creo que estoy de acuerdo, y realmente me gustaría comprar más ropa usada... dada la escasez que caracteriza a las tiendas que supuestamente venden cosas de mi talla, ¿como puedo no sentirme totalmente desmoralizada y decepcionada en un territorio que no es explícitamente respetuoso con las personas gordas?".

No pienso negar que el tema de las compras y la escasez sea una cuestión recurrente en la gordosfera. Y no puedo garantizar que comprar en tiendas de segunda mano nunca sea difícil y desalentador y desmoralizador cuando estamos fuera de lo que la industria de la moda o la mayoría de tiendas consideran una gama "normal" de tallas. También reconozco abiertamente que soy afortunada porque en mi ciudad (y mi barrio) hay varias tiendas de segunda y la mayoría tienen incluso secciones plus. Además, la flexibilidad de mi trabajo actual y mi amor generalizado por la cacería me lo permiten. Algunos días tengo una suerte impresionante. Otros, pareciera que las prendas más bonitas no vienen en dígitos dobles, y entonces termino deambulando por las rebajas desechables de los grandes almacenes y centros comerciales en busca de prendas que, además de quedarme bien, me permitan pagar el arriendo. Y aunque no tengo ningún remedio para las tribulaciones padecidas en las tiendas de ropa usada, para mí, las recompensas superan las frustraciones y no se limitan al vestir. Para alentar a entrar de lleno en el mundo de segunda mano a quienes ya tienen un pie dentro, he reunido algunos consejos.

Primer consejo de segunda mano: pruébese de todo

Puede parecer una verdadera y absoluta obviedad, pero uno de los errores trágicos de los compradores de todas las tallas (cual personajes shakespearianos) es que no vemos las dimensiones físicas reales de una prenda, pero creemos que su "ajustabilidad" concuerda enteramente con el número de la etiqueta. Si vemos algo que nos encanta, buscamos la etiqueta, y al comprobar que el número es inferior o —¡Dios nos libre!— *superior* al número (arbitrario y por lo general incoherente) que creemos que nos corresponde, dejamos que la prenda elegida vuelva a hundirse en las profundidades. Según la mayoría de las tiendas de tallas plus, yo estoy en la gama 18/20/22, pero en mi armario cuelgan cosas que oscilan entre la 10 y la 26, y *me quedan*. No habría descubierto ni la mitad de mi ropero si limitara mis búsquedas al estante (singular y asquerosamente) rotulado como "Plus".

Las tiendas de ropa usada son espacios geniales para fortalecer el coraje y el orgullo gordo. En ninguna tienda de segunda han intentado impedir que me mida nada, y creo que es de allí de donde viene lo que mis amigas han dado en llamar mi "extraña idea del derecho a comprar". Uno puede tratar las tiendas de ropa usada como probadores gigantes, y (según mi experiencia) nadie se inmutará. Hay muy pocos de los nuestros que no hayan tenido que soportar las miradas desdeñosas de algún vendedor o de otros compradores por nuestro tamaño. Creo que el temor y el recuerdo y las expectativas que alimentan estos comportamientos —por no mencionar la gran cantidad de porquerías que no nos quedan— convierten la experiencia de las compras en una experiencia estresante y emocionalmente difícil. Para mí, la posibilidad de escoger las prendas exhibidas en los estantes y probármelas allí mismo, en las tiendas de segunda, ha demostrado ser una experiencia liberadora y gratificante. También me ha permitido perfeccionar mi capacidad para detectar qué me quedará bien y me ha llevado a confirmar las inmensas variaciones de las tallas, lo cual me ha ayudado a no apegarme a un número y a la implicación —negativa o positiva— que suele adherirse a este, para, en cambio, concentrarme en *lo que me queda*.

Segundo consejo de segunda mano: encuentre una compinche gorda y forme un dúo dinámico

Empiezo este consejo con una sagaz observación de Lesley, de Fatshionista.com: "Creo que muchas amistades gordas no-activistas se basan en hacer dieta juntas y/o apoyarse mutuamente en el aparente sufrimiento de la gordura; creo que encontrar una amiga gorda con quien formar un dúo dinámico para conquistar las tiendas de segunda es algo tremendamente inspirador en un sentido de no-odio al cuerpo".

Y de qué modo.

Muchos hemos vivido amistades en las que permitimos el odio al cuerpo y la negatividad, y no hay lugar donde este odio aparezca más activamente que en las tiendas de ropa. Puede que el kilometraje varíe, pero yo pasé muchos de mis días de deambular por los centros comerciales acompañada de chicas cuyos cuerpos eran mucho más pequeños que el mío, y todas lo odiábamos con la misma intensidad. Aunque la ropa nos quedara bien, siempre encontrábamos razones para ver el lado negativo: "Esto me queda bien, pero me quedaría mejor si tuviera menos/más (insertar parte del cuerpo)...". Creo que no había un solo día en que no habláramos de cuántos kilos creíamos que debíamos adelgazar. Incluso si usted escapó de esas conversaciones de unámonos-en-el-insulto-a-nuestro-cuerpo, sin duda las habrá oído en los probadores de las tiendas y los baños públicos.

El contexto dentro del cual se establecen estas relaciones —de un odio al cuerpo y una vergüenza compartidos— es cualquier cosa menos fortalecedor.

Encontrar una amiga gorda con quien comprar ropa de segunda mano es, por un lado, una premisa realmente revolucionaria para muchos de nosotros. Piense simplemente en cuánto más navegable puede ser la cacería si va con alguien con quien despotricar de la ausencia de opciones (en vez de lamentarse por su cuerpo) y con quien celebrar cuando encuentra una prenda increíble. (Otra gordita entenderá *plenamente* la emoción que se siente al encontrar un vestido casero de los cincuenta que sea de su talla y esté en perfectas condiciones, y probablemente chillará de la dicha con usted.)

¡Y no olvidemos las ventajas tácticas y ahorradoras de tiempo del comprar en compañía! Su amiga puede recorrer la zona de los suéteres mientras usted se encarga de los vestidos; puede rebuscar entre las faldas mientras usted se ocupa de los pantalones. Si son de una talla parecida, cada una puede buscar por las dos. Si no es el caso, no importa. La amiga no tiene que ser gorda; simplemente tiene que ser una amiga de verdad (es decir, que no tenga una actitud negativa ni despectiva ante su cuerpo o su tamaño.)

Yo tengo una amiga gorda con la que voy a las tiendas de segunda con regularidad, y no quisiera hacerlo de ningún otro modo. Nuestros estilos y tamaños no son exactamente iguales, pero conocemos tan bien nuestros gustos y tipos corporales que podemos escogernos la ropa mutuamente. En mi barrio hay unas tiendas de ropa usada que son casi unos depósitos, y no puedo ni imaginar lo que sería tener que ir sola. Sobra decir que probarse un mono de terciopelo cubierto de lentejuelas y con unas hombreras gigantes apenas tiene gracia cuando lo contamos, pero probárselo frente a una amiga (quien quizá tenga cámara en su celular), ¡es una leyenda para la eternidad!

Ir a las tiendas de segunda con una compañera gorda no significa que todos los días serán extraordinarios. Pero si ha sido bendecida con amigas (gordas) como las mías, descubrirá que tienen una capacidad maravillosa para reconocer que amar y apreciar nuestro cuerpo en esta sociedad antigordura puede ser difícil mientras se niegan a permitirnos perpetrar un odio a sí mismo activo.

Tercer consejo de segunda mano: no tenga miedo de negociar el precio

Aquí debo dar crédito a Olivia Mae, lectora de Fatshionista.com, cuyo e-mail me ayudó a desarrollar este consejo. Olivia dice: "Trabajo en una tienda de ropa usada [...] [y] quería darles unos consejos [...] Si alguien descubre una prenda con un roto o una mancha o cierto desgaste, es probable que le hagamos un pequeño descuento".

En mis años de experiencia como compradora de segunda mano, he descubierto que los precios tienden a ser excesivos, dada la relación calidad/uso de muchos de los artículos. Es más, aparte de la increíble escasez de prendas de tallas plus, el elevado costo suele ser una de las quejas que más oigo cuando entablo conversaciones sobre las tiendas de segunda. Se han vuelto tan careras, me dicen, que sale mejor comprar en las rebajas de los grandes almacenes, pues allí uno compra ropa *nueva* por el precio que pagaría por algo *pre-amado*.

Mi modo de enfrentar el asunto del uso y el deterioro (el único modo de hacerlo, en mi humilde opinión) es muy sencillo: mostrarles *cortésmente* los defectos y las manchas a los vendedores, quienes, muy a menudo, reajustan el total a un precio más razonable. Llámenme insensible, pero dada la sociedad capitalista y desalmada en que vivimos, suelo suponer que la mayoría de las tiendas y compañías (aun sin quererlo) están preparadas para arrancarme todo el dinero posible y, me permito decirlo, *estafarme*. Además soy de las que opinan que, cuando de comprar ropa se trata, es mi deber manejar las cosas a mi gusto, tanto en términos de precio como de interacción empleado/cliente.

No pretendo decir que comprar cosas de segunda sea siempre un asunto de "regateo" porque no creo que los precios sean injustos *siempre*. Si alguien ha pasado una cierta cantidad de tiempo en las grandes tiendas de ropa usada, probablemente habrá notado que los precios son altamente inconsistentes entre una tienda y otra e incluso de una semana a la siguiente. En las tiendas enormes, el volumen de donaciones es grande e intentan reponer los estantes y poner los precios lo más rápido posible. Aunque hacen su mejor esfuerzo en el tiempo que tienen, cualquiera que haya trabajado en una tienda sabe a qué velocidades funcionan. Quienes se encargan de reponer las mercancías no siempre tienen tiempo para revisar las prendas en busca de imperfecciones y suelen poner los precios basándose en artículos similares y la reputación de la marca. Y dadas las circunstancias, parece razonable suponer que algunos artículos terminen siendo etiquetados con un precio elevado. (También sucede lo contrario... muy de vez en cuando, algunas prendas de diseñador resultan etiquetadas con unos precios ridículos. Estos hallazgos esporádicos constituyen el Santo Grial del mundo de lo usado, pero este consejo lo dejamos para otra ocasión.)

Si usted practica la filosofía del errar es humano, regatear no es necesariamente sinónimo de avaricia. Es un modo de participar activamente en el acto usualmente automático de la compra y la venta (yo tiendo a poner la clave secreta de mi tarjeta de crédito sin siquiera revisar el total; una cosa muy perturbadora) y ayudar a que los precios de segunda sean razonables y competitivos.

Puede que haya detractores de este consejo ya que muchas tiendas de segunda son manejadas por organizaciones de beneficencia (como el Ejército de Salvación) o donan parte de sus ganancias a organizaciones de caridad. Y aunque no soy muy adinerada que digamos, no me importa pagar más por los artículos de segunda (después de todo, en *eBay* no es que abunden buenas prendas *vintage*), cuando sé que mi capricho consumista contribuirá con una buena causa.

Olivia Mae concluyó su e-mail recordándonos que ser amables con los empleados suele resultar provechoso no solo para conseguir algún descuento ocasional, sino también para encontrar artículos codiciados. Señala: "Puedo ayudarle a encontrar las cosas puesto que probablemente he sido yo quien las ha puesto en los estantes [...] [y] si no tenemos esa prenda en particular que traía en mente, puedo estar pendiente a la hora de etiquetar y poner el precio a los artículos".

Yo sé que tiendo a contextualizar la experiencia de comprar en tiendas de segunda como una especie de conflicto entre la humanidad y el medio ambiente. Estantes (generalmente desorganizados) sobre estantes en los que acechan potenciales aliados y enemigos que deben ser conquistados por mi cuenta (y de mi gorda amiga pro segunda mano). Y tiendo a olvidar que quienes trabajan allí están dispuestos a ayudar y podrían orientarme cuando ando en busca de algo en específico. Gracias, Olivia, por recordármelo.

Capítulo 19

No compre en tiendas que no vendan su talla (incluso si está con amigas delgadas) e infórmeles que no piensa comprar allí

Todas hemos pasado por allí. Y allí significa en el centro comercial con amigas más delgadas, recorriendo tiendas que no venden nuestra talla, limitándonos a mirar aretes mientras nuestras amigas se miden montañas de ropa.

Pues bien, quizá usted vaya al centro comercial con esas amigas y crea estar haciendo lo que hay que hacer: esperar por ahí mientras ellas se miden ropa. Pero —y esto puede resultar polémico— es más importante preocuparse por su salud mental que asegurarle a su amiga que, sí, esa minifalda le queda de maravilla. Puede que a usted no le moleste ir a las tiendas que solo venden tallas convencionales. Si ese es el caso: fantástico. Pero incluso si no le importa jugar a la asistenta de sus amigas y buscar diversas tallas, recuerde que la retribución es la clave del juego limpio. Y si sus amigas no están dispuestas a hacer lo mismo mientras usted se mide jeans en *Lane Bryant*, puede que sea hora de buscar otras compañeras de compras.

También puede que sea hora, finalmente, de "salir del armario". No nos referimos a su orientación sexual, sea cual sea. Nos referimos a la gordura. Si sale de compras con sus amigas delgadas y ellas se abalanzan hacia una nueva tienda, recuérdeles que usted no puede comprar allí porque no venden nada de su talla. Es probable que no se hayan dado cuenta o que simplemente no se les ocurra.

Si ese es el caso, es probable que sus amigas no lo hagan con malas intenciones. Todos somos fatales para calcular la talla de los demás. Una vez, Marianne puso en su blog una foto de cuerpo entero e invitó a la gente a adivinar su altura y su peso, y en las respuestas hubo diferencias de más de quince centímetros y noventa kilos, lo que demuestra que no tenemos idea de cuál es el aspecto de cualquier peso en particular. A no ser que ya se lo haya dicho explícitamente, es probable que sus amigas no tengan idea de cuál sea su talla. Y también es probable que estén más que dispuestas a acompañarla a una tienda de tallas plus. (Si no es el caso, entonces relea los capítulos sobre la búsqueda de amigos mejores.)

En todo caso, si está cansada de jugar a la asistenta de sus amigas y suele salir del centro comercial sintiéndose como un costal que no merece ponerse cosas bonitas, podría empezar a pensar en boicotear las tiendas que no venden su talla.

No necesita otro par de aretes

Querida lectora, lo diremos sin rodeos: usted no tiene que comprar en tiendas que no vendan su talla. Las tiendas de tallas plus venden ropa que le queda (bueno, hasta cierto punto, pues en los centros comerciales hay una escasez definitiva de opciones más allá de la talla 26, pero las tiendas por Internet están empezando a llenar el vacío). Estas tiendas venden accesorios que, además, están diseñados para quedarnos: pulseras hechas pensando en muñecas rellenitas, collares con una longitud adecuada y gargantillas que no atentan contra nuestra vida.

En serio, es una situación en la que todos salimos ganando. Y eso es lo que queremos. Por tanto, cuando se encuentre en una tienda de cosas geniales que no vienen en tallas plus, escríbales a sus directivos y comuníqueles por qué no piensa gastar allí su dinero, ni siquiera en los accesorios. La próxima vez que la lleven a la última tienda de moda donde los pantalones más grandes no le pasan de las rodillas, no se quede esperando a sus amigas pacientemente y fingiendo interés en la vitrina de accesorios. Pida la dirección de las directivas de la empresa y envíeles algo parecido a la siguiente carta de muestra.

Apreciados _________,

Escribo esta carta para comunicarles que, desafortunadamente, no gastaré mi dinero en su tienda, ni siquiera en los artículos accesorios. Su decisión de no vender nada por encima de la talla 14 me descarta como compradora, y aunque me encanta su oferta de accesorios, no puedo gastar dinero en una empresa que no valora a las mujeres de tallas plus como consumidoras. Gastaré mi dinero en un espacio que muestre una actitud incluyente hacia las mujeres como yo.

La carta puede producir, o no, algún efecto, pero escribirla le ayudará por lo menos a fortalecer su propia creencia en que usted es una consumidora valiosa que merece las mismas opciones y el respeto ofrecido a las personas delgadas. Tal vez no los convenza de ampliar su oferta, pero no tiene por qué recibir su negligencia con una sonrisa.

Capítulo 20

No guarde ropa que no le queda

Uno de los pasos más mencionados para empezar a andar el camino de la aceptación del cuerpo es deshacerse de la ropa que tiene guardada en el armario y no le queda bien ahora. Al oírla, parece ser una idea tan obvia e inteligente..., pero hay que pararse frente al armario y contemplar la ropa, y entonces empieza a pensar que quizá podría quedarse con *esta* prenda porque, ¡ay!, le quedaba tan bien hace dos años, y le costó tanto dinero, y uno nunca sabe...

La gente siempre parece querer rebatir este argumento. Y hay dos o tres razones (como el embarazo o las fluctuaciones de peso predecibles) que justifican el guardar prendas que no nos quedan bien ahora. Pero, en la gran mayoría de los casos, la ropa que *no* nos queda bien solo nos hace sentir mal y llena un espacio que podría estar ocupado por prendas que *sí* nos quedan.

Imagíneselo: al vestirse, abre las puertas del armario y saca una prenda tras otra y nada le queda bien. (¿Acaso tiene que imaginárselo? ¿No es esa la situación de todos los días a la hora de vestirse?) ¿Hay alguna posibilidad de que esto sea una experiencia positiva? Nosotras creemos que no. No tener nada que ponerse es una desgracia, y muchas mujeres tienden a condenarse a sí mismas a este destino mientras esperan adelgazar por arte de magia para volver a entrar en unos pantalones a los que "quieren" más que a su propio cuerpo imperfecto.

¿Por qué castigarse a sí misma? ¿Acaso debe cumplir una penitencia por el hecho de ser gorda? Si ese es el caso, pare. Si ha comprado este libro es probable que haya pasado años disculpándose e intentando hacer algo en desagravio por el tamaño de su cuerpo, ¿y adónde la ha llevado todo esto? Hay cosas mucho mejores que hacer con su tiempo, como salir al mundo y divertirse, sin importar cuál sea su talla.

Limpiar el armario

Las prendas que no nos quedan no solo ocupan un espacio valioso en el armario, también ocupan espacio mental. Nos hablan cada vez que las vemos, y no dicen nada amable. "Ay, te veías tan bien cuando eras talla 8. Si tan solo comieras menos e hicieras más ejercicio, volverías a caber en mí". ¿Quién nos ha planteado ya estos argumentos? Ah, claro, la multimillonaria industria de las dietas que nos hace creer que todos los cuerpos deben ser iguales en esencia, sin importar la edad, la capacidad física o la situación vital.

Al diablo.

Deje las excusas y limpie el armario. Guarde en cajas todo lo que no le quede, y si no soporta la idea de separarse de esos jeans lavados al ácido que solía usar en el colegio, meta las cajas en el depósito. También puede buscar un centro de donaciones y regalarles esa ropa a personas que le sacarán mucho más provecho del que usted le está sacando en este momento.

Si tiene mucha ropa y mucha paciencia y quiere recuperar parte de su inversión, también puede hacer un poco de dinero. Las tiendas de segunda y de Internet le permiten recuperar algún dinero para comprarse algo nuevo y envían sus amadas prendas a un buen hogar, un hogar donde no quedarán relegadas al último rincón del armario ni el fondo del cajón.

La excusa que solemos oír con más frecuencia cuando sugerimos este ejercicio es que no tiene dinero para comprarse un nuevo vestuario. Pero, en serio, si no está usando esa ropa, ya *necesita* un nuevo vestuario, gústele o no. Un armario lleno de cosas que no le quedan no le da más opciones que uno vacío. Y esas prendas que cuelgan de las perchas, burlándose y haciéndola sentirse fatal, cuestan mucho más que dinero.

Venda la ropa vieja y reinvierta las ganancias en nuevas prendas para su armario renovado. Aprenda a coser, o rebusque entre los estantes de liquidación e invierta en una prenda a la vez. Así, aun cuando le tome tiempo, terminará con un vestuario que le queda *ahora*, y eso vale mucho la pena.

PANTALONES DEPRIMENTES

Sobre la compra de cosas demasiado pequeñas como táctica de motivación

por Lesley Kinzel

Durante los últimos años, he tenido la poco envidiable experiencia de ser una compradora obsesivo-enloquecida que usa una talla justo en el vértice de los niveles de gordura. No las tallas intermedias tipo 14-16-18; no he pasado por allí desde séptimo grado. No, me refiero a una talla entre plus y, *hm*, plus-plus, según lo define el mundo de la moda.

Últimamente, hay muchos más diseñadores y fabricantes de ropa que producen tallas plus, y estoy ciertamente agradecida y contenta de tener más opciones donde gastar mi dinero. Pero tengo la sensación de que una sorprendente cantidad de ellos ha decidido no pasar de la 24. Y aunque a veces me sirven algunas prendas talla 24, por lo general, la 24 y yo nos conocemos solo de pasada. Como el tipo que vive en su edificio y con el que se encuentra todo el tiempo en el ascensor, y usted sabe que en algún momento, hace como un año, le dijo cómo se llamaba, pero ya no lo recuerda, y lleva tanto tiempo intercambiando unos amigables, pero lacónicos saludos de corredor, que pedirle que le refresque la memoria sería demasiado incómodo y entonces se limita a decirle hola y hacer una pausa en el momento en que debería pronunciar su nombre, si lo recordara, antes de apresurarse a comentar el clima o la infección intestinal de su perro o. . . lo que sea.

Exactamente así es mi relación con la 24.

Sé dónde vive, puedo reconocerla a la distancia y, sí, puedo usarla de vez en cuando, dependiendo de la prenda, pero la 24 y yo no tenemos una relación estrecha en ningún sentido (bueno, excepto en el literal). Últimamente, cuando el mencionado corte en la 24 y yo nos encontramos cara a cara —cosa que suele suceder con más frecuencia, al parecer, con las marcas de los grandes almacenes y los diseñadores exclusivos—, me pongo furiosa. Muy pero muy furiosa. Me da una furia irracional tipo "*¡Pero yo quiero mi pony!*". Y antes de soltar un millón de suspiros exasperados, soy consciente de que los fabricantes no pueden producir todas las tallas del mundo. También soy consciente de que no soy un copo de nieve único y precioso. Pero sigo furiosa, porque realmente quería ese vestido/suéter/pantalón/abrigo/cinturón, etcétera, y me siento frustrada por la incapacidad de dicho diseñador/fabricante para hacerlo en una talla que me sirva.

Esto también solía enfurecerme cuando era adolescente, pero entonces no dirigía mi furia hacia la parte ofensora, sino hacia mí misma, hacia mi cuerpo. Mi estúpido cuerpo tenía la culpa de no caber en la talla que estuviese en el estante. ¡Cuerpo estúpido! ¡Deberías entrar en esos pantalones! ¡Me das asco y vergüenza!

Todo esto me devuelve a la generalizada "táctica de motivación" que inspiró las anteriores cavilaciones: la costumbre de comprar ropa pequeña con la intención de caber en ella a punta de dietas. Prendas que no solo son muy estrechas e incómodas, sino que han sido compradas en una talla demasiado pequeña como para lograr entrar en ellas. He conocido a demasiadas personas (todas mujeres, en mi caso, pero estoy segura de que es una costumbre practicada por personas de ambos sexos) que han comprado cosas —vestidos, por lo general— y las guardan como talismanes mágicos para adelgazar y así caber en la talla en cuestión, una meta tan mensurable como el número de la balanza. Una amiga del colegio tenía uno de esos vestidos que colgaba siempre de la puerta de su armario para poder verlo todos los días; era lo primero que veía al despertarse y lo último antes de dormirse. Se convirtió en un pequeño tótem fetichista: el día en que ese vestido le quedara sería el día en que empezaría su vida. ¿No es la cosa más deprimente en relación con un vestido?

Casi puedo comprender este comportamiento, al menos desde la perspectiva de que, sí, a menudo he querido ponerme ciertas prendas y me he sentido frustrada porque no las hay en mi talla. Es frustrante e irritante, sin duda. Pero mi cuerpo no tiene la responsabilidad de caber en un recipiente confeccionado arbitrariamente por alguien que ni siquiera me conoce. Mi cuerpo no tiene la culpa de no poder usar una talla 20, es culpa de la talla 20. Pensemos en ello, ¿de acuerdo?

Y pensemos en lo contraproducente y demente que es el hecho de comprar algo que nunca podrá ponerse con el objetivo de caber donde ordene cualquier Insertar-Aquí-Nombre-De-Tienda. ¿No es una actitud completamente insultante hacia su cuerpo, ese cuerpo que la ha llevado al centro comercial y la mueve por el mundo? ¿Es amable u amoroso exhibir algún vestido soñado e inutilizable delante de ese cuerpo, reafirmando así su incapacidad de caber en una talla escogida al azar? ¿No es más bien odioso y malsano? ¿Acaso ese cuerpo no se merece un trato mejor?

Parte de esto proviene de mi propia creencia egoísta en que nadie debe postergar su fabulosidad. Comprar un vestido demasiado pequeño con el propósito de motivarse (o culparse) para encoger su cuerpo y así caber en dicho vestido es postergar la fabulosidad del modo más atroz, pues supone que ese cuerpo más gordo no merece usar algo hermoso que le queda y le gusta. Porque lucirlo implica aceptación de sí mismo y seguridad; dos cosas que, en esta sociedad, parecen vetadas a las personas gordas. La fabulosidad no depende de una talla, depende de la seguridad, y si uno no se siente seguro de sí mismo en una talla 26, es poco probable que suceda en una 16 (o cualquiera que sea su "talla de seguridad"). La seguridad verdadera y duradera está en sentirse segura de ser quien es, no en el aspecto que tenga en cualquier momento dado.

SEXTA PARTE

Los medios de comunicación

Capítulo 21

Entrénese para leer con ojo crítico las noticias sobre la gordura y las dietas

En la universidad, mientras estudiábamos nuestras respectivas carreras de literatura, ambas solíamos oír el siguiente mantra: "El estudio de las artes liberales nos enseña a pensar". (Lo que se supone que debe hacernos sentir mejor ante el hecho de que no nos enseña a hacer dinero.) Kate recuerda haberse sentido más bien ofendida al oír esta afirmación por primera vez —ella ya sabía pensar, ¡gracias!— pero, con el tiempo, se dio cuenta de que se refería a "pensar *críticamente*". En el sentido de investigar, cuestionar, consultar las fuentes de nuestras fuentes, confrontar nuestras prevenciones, aprender a descubrir las prevenciones de los demás y establecer conexiones que pueden no ser obvias en la superficie. Es así como finalmente se consigue un título de licenciatura, no necesariamente un trabajo con un gran salario. Y es precisamente eso lo que nos permite leer artículos sobre EL BOMBO DE LA CRISIS DE LA OBESIDAD sin sufrir un colapso por el peso del odio a sí mismo o el terror de una muerte inminente por la gordura.

Todos los días, literalmente, los medios anuncian algún estudio que prueba, aparentemente, algo sobre la gordura, la comida y/o el ejercicio. Pero ¿con cuánta frecuencia cuestionamos las fuentes de esta información? ¿Quién hizo el estudio sobre el que estamos leyendo? ¿Quién lo patrocinó? ¿Cuán grande es la muestra estudiada? ¿Cuáles son las verdaderas cifras? ¿Cómo se diseñó el estudio? ¿Hay alguna diferencia entre las conclusiones publicadas por el equipo de investigadores en una revista académica y el mensaje transmitido por las noticias vespertinas?

Es más, ¿hay alguna diferencia entre los datos reunidos por dicho equipo de investigadores y las conclusiones publicadas? Parte de lo que nos convenció de que todo el escándalo de la crisis de la obesidad es solo eso, fue la lectura de libros como *The Obesity Myth* [El mito de la obesidad] de Paul Campos y *Fat Politics* [Política de la gordura] de J. Eric Oliver (de los cuales hablaremos en el siguiente capítulo), que analizan algunos de los mismísimos estudios que han inspirado tantos artículos sobre los peligros de la gordura y revelan que los meros datos no justifican el pánico desatado. Al analizar críticamente la información existente, tanto Campos como Oliver descubrieron que las cifras habían sido manipuladas para pintar un cuadro falsamente alarmante. Investigar a fondo siempre es una buena idea.

No se necesita ser científico o estadístico para plantear las preguntas importantes. (Campos y Oliver son abogados.) Simplemente hay que pensar con curiosidad acerca de lo que *no* se dice en los artículos sobre la investigación de la obesidad. Puesto que los estudios que han tardado años en desarrollarse suelen ser resumidos en el par de párrafos publicados en alguna revista, podemos estar seguros de que nunca se nos pinta el cuadro completo, incluso si un determinado periodista ha hecho su mayor esfuerzo por ser preciso y cuidadoso. ¿Y si no lo ha hecho? ¿Es verdaderamente objetivo el periodista? ¿Hay en el artículo alguna evidencia de una actitud sesgada?

Cuando dejamos de creer a pies juntillas en lo que dicen los medios de comunicación y empezamos a cuestionar la información que transmiten, nos fortalecemos en tanto que consumidores de información. No olvide nunca que eso es lo que somos. La mayoría de los medios están haciendo negocios con ánimo de lucro, nos venden cosas, y *nosotros* decidimos qué queremos comprar, tanto en sentido literal como figurado. En cuanto empezamos a preguntarnos por lo que se esconde detrás de los artículos que leemos y las noticias que vemos, podemos empezar a hacernos una mejor idea de dónde está la verdad y cuán fácil es manipularla en favor de un determinado propósito, o para que resulte —irónicamente— más "respetuosa con el consumidor".

También debe aplicar el consejo de pensar críticamente sobre este libro, en el que hemos incluido un apéndice de notas para que pueda consultar de dónde sacamos nuestra información. Recurrimos únicamente a las fuentes que consideramos verosímiles después de mucho pensar y cuestionar. Asimismo, hemos evitado recurrir a fuentes que apoyan lo que decimos, pero albergan intenciones distintas a descubrir la verdad. (Por ejemplo, hay una organización que publica mucha información sobre cómo se ha exagerado la crisis de la obesidad, cosa que se corresponde con mucho de lo que pensamos y exponemos aquí. Desafortunadamente, esa organización resultó ser una fachada de la industria de los restaurantes, cuyo propósito es alentar a la gente a gastar su dinero en comer fuera, y no promover el bienestar. Por tanto, aun cuando estemos de acuerdo, no citamos información de esa fuente porque no podemos confiar en su honestidad intelectual.) Nosotras somos simplemente un par de *blogueras* que tienen una licenciatura en literatura inglesa y han leído mucho sobre el tema. Depende de usted si le interesa cuestionar la calidad de nuestra información y nuestra integridad a la hora de transmitirla. Este capítulo le dará algunas herramientas para hacerlo.

Siga al dinero

Cuando lee acerca de algún nuevo estudio que ha revelado que la gordura es poco saludable de algún nuevo modo, ¿nunca se pregunta quién patrocinó dicho estudio? ¿O quién financió al "experto" entrevistado por determinado periodista? Lo más probable es que no, y, tristemente, tampoco lo hacen muchos de los periodistas que escriben acerca de dichos estudios. Por ejemplo, muchísimos de ellos repiten las estadísticas o citan a los expertos de la American Obesity Association, pero un vistazo a la web de la AOA[1] revela que entre sus patrocinadores se cuentan:

- Abbott Laboratories
- American Society for Metabolic and Bariatric Surgery
- American Society of Bariatric Physicians
- Amgen, Inc.
- Bristol Myers-Squibb
- Eli Lilly and Company
- Medeva Pharmaceuticals
- Merck
- Novartis Nutrition Corporation
- Pfizer
- Regeneron
- Ethicon Endo-Surgery
- GlaxoSmithKline
- International Federation for the Surgery of Obesity
- Jenny Craig, Inc.
- Johnson & Johnson
- Knoll Pharmaceutical Company
- Roche
- Sanofi-Aventis
- Slimfast
- Weight Watchers International, Inc.

Todas estas compañías farmacéuticas, si no lo ha adivinado aún, están desarrollando o promoviendo medicamentos para adelgazar. Felicitaciones a la AOA por su transparencia, por lo menos. Pero he aquí una organización que, según su propia web, "se ha convertido en una fuente fidedigna para los encargados de formular políticas, para los medios, los profesionales y los pacientes en lo relacionado con la epidemia de la obesidad", ¡mientras que sus fondos provienen de los planes comerciales para adelgazar, compañías farmacéuticas y doctores que sacan provecho de riesgosas cirugías practicadas en personas gordas! ¿Algún conflicto de intereses?

Tampoco presuponga que las investigaciones financiadas por el gobierno son mucho mejores. En el libro *Good Calories, Bad Calories: Challenging the Conventional Wisdom on Diet, Weight Control, and Disease* [Calorías buenas, calorías malas: cuestionar la sabiduría convencional sobre las dietas, el control del peso y la enfermedad], publicado en el año 2007, Gary Taubes escribe:

> Cuando se trata de un tema de gran interés periodístico, las políticas y la creencia pública suelen entrar rápidamente en una controversia científica. Pero es entonces cuando la evidencia se hace prematura por definición, y la exigencia de aclaración, más urgente. A medida que se acumulan evidencias, puede que ya no sostengan la hipótesis, pero, para entonces, cambiar la sabiduría convencional puede resultar extremadamente difícil.[2]

Repitamos esa última frase: *para entonces, cambiar la sabiduría convencional puede resultar extremadamente difícil*. Veamos: ¿cree que la sacarina da cáncer? Si su respuesta es afirmativa, es justo de eso de lo que habla Taubes (y el ejemplo que usa). Si es negativa, es probable que sea demasiado joven como para recordar la época en que los medios nos decían constantemente que tomar sodas dietéticas nos llevaría a una muerte lenta y dolorosa, justo antes de que NutraSweet apareciera para salvarnos. Como señala Taubes, los científicos concluyeron hace más de veinte años que la sacarina, en realidad, no es nociva para la salud, pero lo que la gran mayoría recordamos es el pánico desatado a raíz de los estudios iniciales que decían que sí lo era. Puesto que había alguna evidencia no concluyente de que la sacarina podía ser carcinógena, hubo todo un bombardeo mediático para transmitir el mensaje antes de que los científicos estuvieran seguros de que era cierto. Cuando los estudios iniciales sobre un potencial asunto de salud pública están realmente en lo cierto, ese tipo de reacción apresurada es fabulosa, pero, con demasiada frecuencia, ese no es el caso, y todos terminamos aterrorizándonos por nada.

A continuación, Taubes señala que para promover una nueva iniciativa de salud pública "se requiere una creencia incondicional en los beneficios prometidos", aun cuando la comunidad médica no haya llegado a un consenso sobre dichos beneficios.

> Pero si la ciencia subyacente está equivocada —y esa posibilidad está implícita en la ausencia de un verdadero consenso—, la tendencia de las autoridades de la salud pública a racionalizar cualquier evidencia contradictoria dificultará aún más dar con la ciencia correcta. Tan pronto estas autoridades insisten en que hay un consenso, ya no tienen motivos para fomentar más investigaciones.[3]

O, para ser más precisos, no tienen motivos para fomentar más investigaciones que puedan minar la autoridad de enemil directivas gubernamentales que dictaminan evitar ciertos tipos de alimentos y controlar atentamente nuestro peso. Es decir que al gobierno ya no le conviene financiar estudios que podrían hacerlo quedar en ridículo.

Ahora bien, no pretendemos desatar paranoias ni nada parecido. No hay ninguna conspiración. Lo que hemos descrito es una vergüenza en términos científicos, pero también es cuestión de naturaleza humana. Todos queremos creer lo que queremos creer, ¿o no? Si en algún momento aparecen un montón de estudios rigurosamente diseñados y realizados a largo plazo que demuestran, digamos, que una pérdida permanente de peso es posible para un porcentaje considerable de personas, no estaremos encantadas de tener que reconocer que nos equivocamos pública y repetidamente. Pero lo haremos, si llega a ser el caso, y siempre estaremos interesadas en las nuevas investigaciones sobre la gordura y la pérdida de peso, sea que respalden o no lo que pensamos. Allí radica, al parecer, la diferencia entre nosotras y el gobierno estadounidense.

El caso es que, en esencia, aunque se están haciendo montones de investigaciones sobre la obesidad, la gran mayoría son respaldadas por empresas privadas con un interés específico en promover la pérdida de peso o por un gobierno interesado en sustentar sus afirmaciones sobre la salud y las dietas. Y además están los periodistas, quienes anuncian los descubrimientos de esos estudios sin reconocer los potenciales conflictos de interés. (Y con frecuencia, por lo visto, sin leer nada distinto a los comunicados de prensa acerca de los determinados estudios.)

Helados y asesinatos

Este es solo el comienzo. Veamos: en Estados Unidos, ¿con cuántas muertes al año se asocia a la obesidad? ¿Dijo 400 000? Esta estadística —de los Centros para el Control y la Prevención de las Enfermedades [CDC, por sus siglas en inglés] hacia 2004— sigue siendo discutida en los medios de comunicación aun cuando fue revisada y reducida a 112 000 en 2005, después de que la investigación dirigida por Katherine Flegal, publicada en el *Journal of the American Medical Association*, demostrara que la metodología utilizada por el estudio anterior era seriamente cuestionable.[4] Y aunque el estudio de Flegal y la revisión oficial de las cifras por el CDC desataron un alboroto considerable, muy pocos periodistas se enteraron. En el momento en que escribimos este libro, la referencia más reciente a la estadística del "400 000" que hemos encontrado en una revista de buena reputación apareció en la edición de julio de 2008 de *Economist*. Pero cuando sea que usted nos lea, tómese un minuto para buscar obesidad + 400 000 en *Google*; le apostamos que encontrará al menos un ejemplo.

Pero un momento —nos dirá—, ¡112 000 sigue siendo un montón! Y lo es, pero esto nos lleva a la otra regla clave del pensamiento crítico: correlación no equivale a causalidad. Hay un ejemplo que suele usarse en las clases básicas de sociología: en los meses de verano hay un aumento tanto en la venta de helados como en los asesinatos, lo que significa que existe una correlación entre la venta de helados y los asesinatos. Ahora bien, una vez establecida una correlación, vale la pena estudiar si lo uno ocasiona lo otro. ¿El helado estimula los impulsos homicidas? ¿A los asesinos les gusta celebrar un trabajo bien hecho con un buen cono de helado? No, es probable que no. De hecho, es el calor lo que ocasiona el aumento tanto de la venta de helados como de los homicidios. Correlación no equivale a causalidad.

Y sí hay una correlación establecida entre la obesidad y el exceso de mortalidad, pero eso no quiere decir que ser gordo ocasione una muerte temprana. Quiere decir que muchas personas obesas tienen en común algo que a veces ocasiona una muerte temprana; y la gordura no es lo único que tienen en común muchos gordos. Podría ser la falta de actividad física. Podría ser una dieta deficiente. Podría ser el estrés de verse constantemente aislados y reprendidos por ser gordos. Podría ser un historial de peso cíclico ocasionado por la insistencia en que una nueva dieta será la clave para alcanzar la delgadez definitiva. Todo esto tiene una correlación con los altos índices de mortalidad y la obesidad. Pero la mayoría de las investigaciones están tan concentradas en sostener que la culpa es de la gordura, que los científicos rara vez se molestan en distinguir esas otras variables. Lo cual significa que un gordo que hace ejercicio, come verduras, medita y no hace dieta podría no entrar en ninguna categoría de alto riesgo, pero nunca lo sabremos, porque todo se presenta de manera parcializada para culpar a la adiposidad en sí misma.

¿Todavía no está furiosa? Aún no hemos terminado. ¿Las tasas de obesidad están en aumento? Si cree que sí, seguro que no está sola, pero usted y todo el mundo y su abuelita se equivocan. En 2007, el CDC publicó un informe que decía: "La obesidad no ha aumentado perceptiblemente en los últimos años". Con base en la Encuesta Nacional de Examen de Salud y Nutrición, "no hubo un cambio importante en las tasas de obesidad entre 2003-2004 y 2005-2006 ni en mujeres ni en hombres".[5] Es más, ¡no había habido ningún aumento en la obesidad entre las estadounidenses desde 1999! Para cuando lea este libro, habrán pasado por lo menos diez años desde que se nivelaran los índices de obesidad en las mujeres, pero estamos dispuestas a apostar que la última vez que usted oyó un rotundo "¡La obesidad sigue en aumento en los Estados Unidos!" fue hace diez minutos. Las crecientes tasas de obesidad se han convertido en una "verdad" tan dada por sentado, que los medios ya no se toman ni la menor molestia de corroborarla.

Sobre la parcialidad

Esto nos lleva a la cuestión de la parcialidad. No el tipo de parcialidad que proviene de estar financiado por seres cuyo sustento depende de la creencia pública en que debemos adelgazar para ser saludables, sino el tipo más personal, que suele aquejar incluso a los textos aparentemente objetivos. Escoja, al azar, diez artículos sobre la gordura en Estados Unidos; lo más probable es que dichos artículos vengan ilustrados ya sea con una foto de una gorda en sudadera o un primer plano de un bocado de pastel entrando en una boca a unos centímetros de una barbilla con papada. Los titulares indicarán que la gordura está relacionada con algo aterrador, sin importar cuál sea el verdadero tema del artículo.

Incluso si un artículo determinado habla —¡oh, maravilla!— de cómo la gordura no es necesariamente una catástrofe de salud pública al acecho, es probable que termine con una cita de algún experto que diga que "Sí, pero...". Sí, pero la gente no debería ver esto como una excusa para quedarse sentada comiendo pasteles. Sí, pero también hay otros estudios que dicen que la gordura mata. Sí, pero mi reputación profesional está basada en la demonización de la gordura y no pienso renunciar a ella. Bueno, puede que esta última no, pero la frase del "Sí, pero..." estará allí casi siempre, justo al final. Y no nos malinterprete. Nosotras entendemos que las convenciones periodísticas exigen la presentación de "ambos lados de la historia". Pero en cuanto se haga consciente de este hecho, se sorprenderá al ver la frecuencia con que los periodistas dan la última palabra a los defensores de la antiobesidad, incluso en los artículos excepcionales que sugieren que un trasero enorme no tiene que ser una sentencia de muerte.

Los periodistas viven en la misma sociedad que todos nosotros, lo que significa que la mayoría están bastante predispuestos a creer que la gordura es peligrosa, que adelgazar es "saludable" para todos menos los demasiado delgados y que las personas gordas suelen salirse con la suya al pasarse el día entero echados en el sofá comiendo golosinas. Si esto es lo que usted cree sobre la gordura, no es de extrañar que mire con recelo los estudios que cuestionan sus ideas y que asuma con actitud menos crítica aquellos que las respaldan. El problema es que se supone que los periodistas deben mirarlo todo con recelo y evitar que sus prevenciones interfieran. Pero a la hora de informar acerca de la gordura, esto no suele suceder. Desde los titulares hasta las ilustraciones y los comentarios maliciosos, la mayoría de las noticias sobre la gordura reflejan el trabajo de muchas personas a las que claramente les da asco.

De modo que si va a leer artículos inscritos dentro de la corriente dominante acerca de la gordura, la pérdida de peso o EL BOMBO DE LA CRISIS DE LA OBESIDAD —y, francamente, a no ser que alguien le pague por escribir al respecto, le recomendamos que no lo haga—, debe recordar que lo que se dice allí, en primer lugar, suele estar claramente teñido por las opiniones negativas de los periodistas, los que escriben los titulares y los que editan las fotos, y, en segundo lugar, casi nunca cuenta la historia completa.

Recuerde leer más allá del comunicado de prensa, incluso si los periodistas no se toman la molestia. Averigüe quién patrocinó el estudio en cuestión. Intente conseguir un ejemplar del estudio, o al menos el resumen; se sorprenderá al ver cómo los resultados, publicados con la debida prudencia en una revista científica, se diferencian de lo anunciado en la televisión y los periódicos. De hecho, hay muchos estudios que rebaten la actitud histérica que rodea al tema de la obesidad; un aspecto que a los medios predominantes no les interesa divulgar. Averigüe a quiénes representan los "expertos" citados y si tienen algún antecedente de militancia antigordura. Es decir, piense. Una dosis de pensamiento crítico, combinada con una de investigación, suele revelar que el panorama de los gordos no es tan sombrío como lo pintan.

Capítulo 22

Lea acerca de la aceptación y la ciencia de la gordura

¿Alguna vez un libro le ha cambiado la vida? Nosotras dos somos del tipo de lectoras voraces a las que eso nos pasa con frecuencia, y, aun así, hay libros que destacan dentro de los destacados. Y pocas cosas nos han cambiado tanto la vida como nuestro respectivo paso de ser aquellas mujeres gordas que se odiaban a sí mismas a las gordas orgullosas que somos hoy, en lo cual tuvieron mucho que ver los libros.

Los inicios de la aceptación personal de Marianne se remontan a la época en que era una niña que vio en televisión a un grupo de personas hablando sobre los gordos que se respetan a sí mismos y un público que se burlaba de ellos. El recuerdo de este programa revivió al leer, en la universidad, el libro de Susan Bordo, *Unbearable Weight* [Peso insoportable], que le abrió los ojos a lo opresivos que son los ideales de belleza y a la posibilidad de vivir feliz en un cuerpo gordo.

Esto no quiere decir que empezara a ser feliz con su cuerpo gordo automáticamente. Al fin y al cabo, odiar su cuerpo era cómodo, algo a lo que estaba acostumbrada, ¡y rechazar la concepción social dominante de la gordura era algo asustador! Pero la idea de que el estándar de belleza era utilizado para controlar a las mujeres y sus apetitos (de comida, poder, sexo, lo que fuera), todo el debate de Bordo sobre la "tiranía de la delgadez" era algo difícil de desatender. Y a pesar de unos cuantos viajes más en la montaña rusa de las dietas y el carrusel del odio a sí misma, Marianne consiguió convencerse de darle una oportunidad a una vida sin dietas.

En el caso de Kate fue *The Obesity Myth* de Paul Campos el que consolidó su cambio de pensamiento. Este libro le ayudó a ver claramente un montón de cosas: que es posible ser gordo y saludable al mismo tiempo; que las dietas, definitivamente, no funcionan; que el odio ferviente a la gordura está estrechamente ligado al racismo y al clasismo. (En términos generales, los pobres son más gordos que los ricos, y los afroamericanos y los latinos son más gordos que los blancos. ¿Alguna vez ha notado todas las coincidencias que hay entre los estereotipos de las personas gordas, las pobres y las negras? ¿Adjetivos como "perezoso", "ignorante", "apestoso", "sucio" y "estúpido" no le dicen nada? Este libro le permitió captar, por primera vez, que ser gordo no es un pecado ni una sentencia de muerte, y que le iría mucho mejor si se concentraba en fortalecer su salud física y mental, sin importar cuánto pesara, en vez de luchar contra la forma y la contextura natural de su cuerpo. Tal es el poder de un buen libro.

El poder de los libros

Es nuestra esperanza, por supuesto, que este libro le cambie a usted la vida, pero también queremos alentarla a que lea más cosas sobre la aceptación de la gordura, imagen corporal, estándares de belleza y salud para todas las tallas. Para empezar, sabemos que puede sonar descabellado al principio. *¿Cómo? ¿Qué? ¿La gordura no es, en sí, algo poco saludable y atractivo?* Pero cuanto más lea, más cuenta se dará de que el movimiento por la aceptación de la gordura (o liberación de la gordura, derechos de los gordos, aceptación del cuerpo, aceptación del tamaño; hay muchas denominaciones, con distintos matices de significado) no equivale a unos cuantos seres marginales que "pretenden excusar su gordura", de lo que suelen acusarnos nuestros críticos. (¿Quién necesita una excusa?)

Es un montón de personas —entre las que se incluyen médicos, nutricionistas, psicólogos y un montón de lumbreras de diversas profesiones— que han visto el panorama general y descubierto que la cultura del odio a la gordura genera un daño psicológico serio en demasiadas personas sin producir realmente los beneficios saludables invocados para justificar dicho odio. Es un montón de personas que creen que debe haber una mejor manera de promover una buena salud mental y física en las personas gordas distinta a hacernos sentir avergonzados y exigirnos que hagamos una dieta, y otra, y otra, y otra —durante el resto de nuestra vida, si es necesario— o que nos sometamos a cirugías peligrosas para adelgazar. Y es un montón de personas hartas de los estereotipos y las mentiras rotundas que los medios difunden acerca de la gordura, hartos de verse a sí mismos, o a sus gordos seres queridos, discriminados en situaciones profesionales o domésticas, de ser el blanco de las burlas, de tener que ver y oír constantemente que las personas gordas no merecen el mismo respeto y dignidad concedidos a otros seres humanos. Leer diversos libros sobre el tema —ya sean escritos por académicos, periodistas científicos o simplemente por personas gordas que están hartas— es una muy buena forma de descubrir las distintas caras del movimiento.

Asimismo, los libros son el mejor lugar donde encontrar argumentos bien esgrimidos contra la engañosa ciencia utilizada para alimentar los temores del BOMBO DE LA CRISIS DE LA OBESIDAD. Además de *The Obesity Myth* de Paul Campos, recomendamos *Fat Politics* de J. Eric Oliver, *Rethinking Thin* [Repensar la delgadez] de Gina Kolata, *Obesity Epidemic: Science, Morality, and Ideology* [Epidemia de la obesidad: ciencia, moralidad e ideología] de Gard y Wright, y *Health at Every Size* [Salud para todas las tallas] de Linda Bacon, por sus investigaciones exhaustivas sobre la gordura y las dietas, que no suelen concordar con lo divulgado por los medios.

La gordosfera

Además de todos los libros sobre el tema (ver Bibliografía recomendada), la cantidad de blogs pro aceptación de la gordura ha aumentado de manera considerable en estos últimos años. Cuando nosotras empezamos con nuestros respectivos blogs, en el año 2007, el *Big Fat Blog* de Paul McAleer era prácticamente el único. Otros habían empezado y terminado, y otros promovían una actitud positiva hacia el cuerpo como concepto general, pero, al mismo tiempo, discutían el tema del adelgazamiento. (Adoramos a las mujeres de *Big Fat Deal*, pero no son antidietas, y es probable que ya haya advertido que nosotras sí, fervientemente.) Algunos blogs de crítica feminista y cultural hablaban de la aceptación de la gordura, pero nunca era su tema principal. En este vacío no absoluto aparecieron nuestros blogs, *The Rotund* y *Shapely Prose*, y luego, antes de que pudiéramos darnos cuenta, muchísimos más. No tenemos idea de por qué el año 2007 fue *el* año de los "blogs gordos", pero en ese momento se alcanzó una especie de punto de inflexión y, *¡bum!,* nació la gordosfera.

Lo maravilloso de la gordosfera es que es un bufé de distintas perspectivas sobre la aceptación de la gordura, imagen corporal, sexualidad, discapacidad y autoestima. Es cierto que la mayoría de quienes escriben estos blogs son mujeres y blancas —un retrato poco representativo de los gordos estadounidenses, o de cualquier parte—, pero, con el crecimiento de la gordosfera, sus autores se han ido haciendo más diversos en términos de nacionalidad, identidad étnica, situación socioeconómica, sexo, orientación sexual y tendencias políticas. No podemos decir que haya cosas para todos los gustos, pero sí hay muchas opciones para muchas personas y, bueno, es gratis. Si todavía no está preparada para invertir en un libro sobre la aceptación de la gordura (aparte de este, obvio), solo tiene que darse un paseo por la gordosfera, donde encontrará información suficiente como para mantenerse ocupada un buen rato.

Lo mejor de la gordosfera, sin embargo, no es su mina de textos divertidos, intensos e informativos, sino su sentido de comunidad. La mayoría de estos blogs alientan a sus lectores a hacer comentarios, y a veces las discusiones son mejores que las entradas mismas. (Así es, incluso en nuestros blogs.) Por lo general, todos ofrecen un apoyo mutuo increíble, lo cual ayuda muchísimo a mitigar la presión de los familiares, amigos y absolutos desconocidos que pretenden hacernos sentir avergonzados de nuestros cuerpos para que adelgacemos. Muchas personas (entre las cuales nos incluimos) hemos encontrado en la gordosfera amigos de verdad-verdad, y como señalábamos anteriormente, tener un círculo social que incluya a otras mujeres que no se dediquen a hablar de dietas o a despotricar de su propio cuerpo es un gran paso hacia la aceptación personal. (Además, quienes hacen comentarios en nuestros blogs han de ser unas de las personas más ingeniosas del mundo de Internet.)

La mejor de todas las razones para leer libros y blogs sobre la aceptación de la gordura y la salud para todas las tallas es el hecho de que aprendemos lo necesario como para sacar nuestras propias conclusiones. Si este es su primer encuentro con el tema, no queremos que se quede únicamente con nuestro planteamiento de que el pánico de la obesidad es extremadamente exagerado, que es posible ser gordo y saludable y que no vamos a morirnos en una soledad absoluta si no adelgazamos diez (o cincuenta) kilos. Queremos que haga su propia investigación, analice sus sentimientos y descubra qué cosas cree que tienen sentido y cuáles no. Estamos bastante seguras de que, con el tiempo, decidirá que odiar su cuerpo no tiene ningún sentido en absoluto. Pero esto puede significar un cambio de paradigma realmente serio para muchas personas, y no siempre se da enseguida. Leer todo lo que pueda es una de las mejores maneras de interiorizar el mensaje de que su cuerpo no es un problema que deba ser solucionado.

Capítulo 23

No más televisión

Una historial real: hace varios años, Kate dejó de ver televisión por completo, simplemente porque otras cosas (*ejem*, adicción a Internet, *ejem*) empezaron a ocupar su tiempo. Después de unos seis meses de no ver televisión, se dio cuenta de que su estima corporal estaba mejor que nunca, aun cuando no había intentado mejorarla conscientemente. Y aunque no ató cabos al principio, con el tiempo se dio cuenta de que las únicas mujeres que veía diariamente eran mujeres promedio del mundo real y no actrices a las que les pagan cantidades infames de dinero para que permanezcan delgadas. Y junto a esas mujeres promedio del mundo real, no lucía mal en absoluto. ¡Oh, sorpresa! Marianne, por su parte, no ha tenido televisión por cable desde 1995. Además de sentirse mejor con su cuerpo, tiene mucho más tiempo libre para escribir y hacer otras cosas.

Ay, la televisión. El primer programa de televisión con horario establecido empezó en 1925, y los estadounidenses no han dejado de ver televisión desde entonces. ¿Qué tiene esto de malo? ¿Realmente hay algún problema con llegar a casa después de una larga jornada a encender la tele (o en pleno día) para sentarse y relajarse con lo que sea que estén dando?

En teoría, ¡claro que no! No es que se relaje pateando cachorritos ni nada parecido. Pero, en la práctica, si está haciendo un gran esfuerzo por sacarse de la cabeza los mensajes negativos acerca de los cuerpos gordos que nos envía nuestra sociedad, sentarse a ver televisión es realmente contraproducente.

La gente hermosa

Piense en lo que ve en una hora típica de televisión. Muchas mujeres muy delgadas que viven de su delgadez (es decir que puede que para *ellas* tenga sentido pasarse horas enteras en el gimnasio, pero eso no significa que todas podamos hacerlo) y son atendidas por equipos de estilistas y maquilladores antes de poner un pie ante la cámara. Incluso cuando deben parecer como si no llevaran maquillaje, están maquilladas, e incluso cuando interpretan personajes descuidados, llevan ropa que probablemente no podríamos pagar. Nunca tienen días de pelo inmanejable porque los estilistas profesionales se encargan de ello. Su piel siempre luce perfecta. Usan unos zapatos increíbles. Esa es la imagen "normal" de las mujeres en televisión.

Si vemos a alguna gorda durante esa hora —y las probabilidades no abundan—, será un desastre o una desgraciada, y probablemente habrá una escena en que se atiborre de pasteles, sin importar dónde esté o qué esté haciendo, por lo general con la barbilla llena de migajas, como si no supiera de la existencia de las servilletas. Es probable que la veamos abalanzándose sobre un hombre que no demuestra ningún interés en ella y no se ha percatado en absoluto de sus sentimientos.

Ella, por su parte, no tendrá ni la menor idea de que las personas que la rodean la consideran fea y patética. Esta es la imagen "normal" de las mujeres gordas en la televisión.

Y, cada dos por tres, esas imágenes son interrumpidas por los anuncios que nos exhortan a comprar productos que nos ayudarán a tener un pelo más brillante, una piel más despejada, unos dientes más blancos y, por supuesto, un cuerpo más pequeño. Y todas podríamos ser igual de hermosas que esas mujeres "normales" de la tele, ¡si tan solo estuviéramos dispuestas a sacar la billetera!

En serio, apague esa porquería.

Esconda el control remoto

Habrá quienes se enfurezcan con esto. Dirán que estamos exagerando y que solo queremos apartarlas de su programa favorito. Pues bien, prometemos que no andamos a la caza de nadie y que no vamos a pensar mal de nadie que quiera seguir viendo sus series. (Después de su esclarecedora moratoria a la televisión, Kate se ha aficionado a algunos programas nuevos, pero recomienda grabarlos o bajarlos de Internet para al menos librarse de los anuncios.) En todo caso, sí le diremos por qué la decisión de no ver más televisión, o al menos reducir seriamente su consumo, resultó ser una de las decisiones más inteligentes de nuestra vida.

Piense en las mujeres con quienes trabaja, con las que se reúne para tomar café o en las que ve en cualquier parte a lo largo del día. Ahora piense en las de la televisión. Aunque estamos (bastante) seguras de que son personas maravillosas, sus cuerpos no reflejan el cuerpo promedio de las mujeres comunes. A decir verdad, ninguno de los actores que aparecen en televisión (exceptuando quizá a los gordos que representan a los incompetentes maridos de unas esposas que parecen modelos) tiene un cuerpo realmente promedio. ¿Recuerda cuando le dijimos que observara una amplia variedad de cuerpos, sobre todo cuerpos gordos? Ver televisión, con su retrato homogéneo de la belleza femenina, no cuadra mucho con ello. Es más, si su meta es rodearse de diversas imágenes femeninas, ver televisión es una de las peores cosas que puede hacer.

Sí, sí, lo sabemos, la lógica es un consuelo de tontos cuando lo que uno desea es echarse a ver una comedia. Lo entendemos. Y aun así sugerimos dejar apagado el televisor la mayor parte del tiempo. Lea un libro o un blog o un foro de Internet. Ensáyelo durante una semana. Si piensa que no tiene tiempo para los pasatiempos que mencionamos en el capítulo once, se sorprenderá al ver la cantidad de tiempo libre que implica el dejar apagada la tele. Ese es el tiempo que puede dedicar para asistir a un grupo de lectura o a una clase, salir al parque o con los amigos. O, bueno, con juegos de video (que también pueden ser un riesgo, pero *Raving Rabbids* es demasiado divertido).

Entretanto, aun si le fascina enterarse de las últimas tendencias (que de todos modos no vienen en tallas para gordas), esconda bajo llave sus revistas para mujeres. Al dedicarnos a ver las imágenes de los desfiles de moda, lo que hacemos es interiorizar esas imágenes como el ideal. Y esto es malo tanto desde una perspectiva feminista como de la aceptación de la gordura y del cuerpo. Las mujeres de las revistas suelen posar en posturas altamente pasivas y sexualizadas, y estos mensajes pretenden decirnos que si tan solo lucimos y nos vestimos de un modo determinado seremos irresistibles y deseables. Pero somos más que un objeto. Y, como hemos dicho repetidamente, somos deseables tal como somos.

Después de una semana de esta dieta de medios —la única dieta que recomendamos—, examínese: ¿tiene más tiempo libre? ¿Gasta un poco menos de tiempo preocupándose por las supuestas imperfecciones de su cuerpo? Si es así, maravilloso. Siga así otra semana. Si no, haga el intento durante otra semana. Su salud mental se lo merece.

No pretendemos decirle que en la televisión o las revistas no hay nada que valga la pena. Si deja la televisión apagada durante un par de semanas y descubre que se siente peor al extrañarla que por su cuerpo, al menos ahora puede ver sus programas favoritos con la cabeza despejada. Preste atención y compruebe si los mensajes culturales dominantes siguen pareciéndole inocuos.

Puede que resulte disfrutando un único programa; quizá uno que tenga un reparto variado y una trama interesante que no recurra a bromas baratas, hechas a expensas de personas que no pueden lucir como modelos. (Soñar no cuesta nada.) O puede que resulte apagando la tele y saliendo de casa para hacer algo divertido con sus amigos. Algo que no la haga sentirse como un costal de basura que necesita perder veinte kilos y usar más exfoliante.

SÉPTIMA PARTE

Mantener la cabeza en alto

Capítulo 24

¡Supérelo! ¡No todos la están mirando!

Marianne y su amigo Mark inventaron una cancioncita que les gusta cantarse a veces para recordarse que la mayoría de la gente vive demasiado ensimismada como para andar pendiente de lo que hacen los demás. Puede crear su propia melodía para la letra:

99 por ciento de lo que hace la gente
no tiene nada que ver conmigo.

(Sea cual sea la melodía que escoja, es importante estirar la última nota del "conmigo".)

Puede sonar un poco duro, pero la verdad es que la mayoría de la gente no anda por ahí girando alrededor de usted como si fuera el centro de su universo. Por lo general, cada uno es el centro de su propio universo. Por tanto, cuando vaya en el autobús y se sienta humillada porque acaba de darse cuenta de que se puso la camisa al revés, es muy probable que nadie más lo haya notado. (A usted le tomó un buen rato darse cuenta, ¡y usted está *en* la camisa!)

¿Y los idiotas que sí lo notan? Su reacción no tiene nada que ver con usted y su valor como ser humano, está arraigada en sus propios problemas. A lo mejor tuvieron una experiencia traumática en la infancia relacionada con una camisa al revés, o quizá sus padres les enseñaron a pensar que algo así está en la cima de la pirámide de las cosas vergonzosas. Pero no tiene nada que ver con usted.

Ahora bien, tampoco puede suponer que cualquiera que la humille se odia a sí mismo, pero *puede* recordar que esas personas están recibiendo los mismos mensajes culturales que todos los demás. Puede que simplemente no hayan cuestionado esos mensajes y examinado la situación como lo hemos hecho nosotras. Y esto quiere decir —cantémoslo en coro— que los problemas que ellos tengan con *mi* aspecto no tienen nada que ver *conmigooo*.

Conocidos y desconocidos

No decimos esto para que ande por ahí sintiéndose superior a quienes viven una vida no examinada. Solo creemos que puede ser útil entender que todo el mundo, no solo las personas gordas, recibe el mensaje cultural de que la gordura es mala, y que no todo el mundo ha pensado en la posibilidad de rechazar dichos mensajes. Todavía falta bastante para que la sociedad se ponga al día, y, mientras tanto, usted podrá practicar su capacidad de no verse afectada por lo que piensen los demás.

De eso se trata, al fin y al cabo. Marianne está convencida de que, para el caminante promedio que pasa por la calle, ella es un maravilloso desastre de persona. Su pelo es un desastre, la ropa no suele combinar (a propósito, pero no todo el mundo lo capta) y, ¡huy, sí!, es gorda. Pero ese transeúnte aleatorio no tiene ningún poder sobre la vida de Marianne. ¿Por qué tendría ella que escoger lo que se pone para darles gusto a los demás? ¿Sobre todo cuando los colores chillones la hacen tan feliz?

Kate, a su vez, prefiere la ropa que no hace nada para alejar las miradas, y tiene "amigos" que han llegado a decirle cosas como: "¿Ese estampado no es un poco llamativo para alguien como tú?". (Es decir, una gorda con un trasero enorme, como tú.) Pues no, resulta que ese estampado solo es un poco llamativo para alguien a quien no le gusten los estampados llamativos. Para alguien como Kate, es perfecto.

La opinión de ciertas personas es importante, por supuesto. Si Al, el novio de Kate, se siente avergonzado de que lo vean en público con ella, es algo con lo que Kate tendrá que lidiar. (Por lo general escogerá enfrentarlo con un "Al diablo", pero lo cierto es que a Al suele importarle un bledo lo que ella se pone, así que no suele ser un problema para ninguno de los dos.) Si Ed no puede llevar a Marianne a ninguna parte porque cree que se viste con colores un poco chillones, esto se convierte en un problema para los dos. Puede que Kate se cambie la camisa (o puede que no), y puede que Marianne se apacigüe un poco (o que sugiera otro restaurante si el sitio es el problema). Hacemos concesiones especiales con las personas que nos importan; ya sea porque a lo largo de la relación hemos comprobado que pueden estar en lo cierto, o porque las queremos lo suficiente como para saber manejarlas.

Pero ¿por qué habría de hacer lo mismo con el asqueroso que está sentado al otro lado del bar y se ha dedicado a señalarla y reírse de usted toda la noche? ¿Por qué habría de importarle su opinión?

La respuesta fácil es que su opinión *no* importa, de ningún modo. Pero en el mundo real, donde nunca nos acostumbramos a ser ridiculizadas por las personas a las que queremos gustarles, puede ser difícil creérnoslo de verdad.

¿Y cómo se hace? Al entender qué tipo de persona quiere ser y qué estilo quiere adoptar, y concentrarse en ello. Esto significa no depender de otras personas para que le muestren quién es usted. Si se concentra en alcanzar sus *propios* estándares de fabulosidad todos los días, los estándares de los demás dejarán de importarle.

También significa reconocer que su mamá tenía razón: los demás no la están mirando todo el tiempo. Están demasiado enredados con sus propios líos, y probablemente preocupados de que los estén mirando a *ellos*. A medida que cada vez más y más personas se acepten a sí mismas y se preocupen por cambiar nuestra sociedad, esperamos que cambie también el panorama. E incluso si eso sucede, ¡la gente tampoco estará mirándola! Todos estarán demasiado ocupados con su propia fabulosidad.

Finalmente, Marianne comprendió que cuando se preocupaba por lo que los desconocidos pensaran de su cuerpo, lo que pasaba era que tenía miedo. Miedo de no gustarle o parecerle atractiva a nadie, y —puesto que en ese entonces se creía los mensajes culturales dominantes— no se gustaba ni se consideraba atractiva a sí misma. Al cerrarle el paso a esos mensajes y concentrarse en gustarse a sí misma, consiguió deshacerse del miedo. Y esto le permitió encontrar a otras personas a las que les gustaba y la consideraban atractiva. Pero no las habría conocido si no hubiera decidido impedir que los desconocidos determinaran su imagen personal.

Si hubiera un modo fácil de llegar a esta conclusión, probablemente estaríamos escribiendo ese otro libro (o ambos). Pero, al estar leyéndonos en este momento, va usted por el camino correcto. Aprender a aceptarse a sí misma, bajo sus propias condiciones, hace que sea mucho más fácil desestimar las opiniones de los tipos asquerosos del otro lado del bar.

EL PRECIO DE LA VISIBILIDAD

por Lesley Kinzel

A modo de ubicación: tengo la gran fortuna de vivir, con mi amado esposo, en un condominio en una playa muy frecuentada. Durante el verano, voy a la playa con bastante frecuencia; incluso entre semana, después de trabajar, puesto que en esta época del año todavía hay sol después de las ocho de la noche en estas latitudes. Algunos días voy acompañada, otros voy sola, y no voy con intenciones de broncearme (estoy totalmente comprometida con la protección solar más alta), sino porque disfruto la playa, el sol, el océano, y ese tiempo me resulta relajante y reconstituyente.

Hoy, mientras esperaba para cruzar la calle y llegar a la playa, alguien me chifló. Fue una chica blanca y delgada (adolescente, supongo), que iba en una camioneta blanca con una cantidad desconocida de adolescentes igualmente blancas y delgadas. El auto disminuyó la velocidad, y la despectiva chica del puesto del copiloto gritó: "Oye, cariño, ¿puedo comerme eso?".

En la milésima de segundo que tenía para responder, hice lo que me nació, como si fuera un comentario de una amiga bromista. Sonreí lascivamente y respondí con un exagerado "¡Huy, siiiiii!". Luego me reí, lo que produjo miradas de asombro, risillas crispadas y carcajadas nerviosas por parte de las ocupantes del vehículo, que se alejó a toda velocidad.

Yo sabía, como lo sé siempre, que no podía haber sido nada distinto a un ataque sarcástico y cruel. Llevo años —¡años!— oyendo ese tipo de abucheos, basados únicamente en una malicia absoluta, lo que me dejó un poco desconcertada. Continué mi camino hacia la playa, donde el suave oleaje golpeaba la arena, me acosté sobre mi toalla, crucé los brazos debajo de la cabeza y me puse a pensar.

Me atormentaba.

Me molesta cuando esas sandeces me atormentan.

Mi compromiso inicial con el activismo pro gordura empezó hace diez años. ¿Por qué diablos siguen atormentándome estas experiencias? ¿Cómo es posible que me saquen de casillas, me irriten y me distraigan de una preciosa tarde en una playa maravillosa? ¿Quién rayos se creen esas personas para sentirse con derecho a meterse con mi felicidad, mi decisión de mostrarme en público, de vivir mi vida sin tener que sentirme inferior, como algo que no se merece todo esto? ¿Qué ganan ellas al tratar de arruinarme el día?

Y entonces pensé: es el precio de la visibilidad.

Es lo que debo pagar por ser visible, por atreverme a salir, sola, con mi atuendo de playa. Lo que debo pagar por negarme a esconderme, a disculparme, por tener la osadía de salir de mi casa y vivir como si no tuviera nada de qué avergonzarme. Para un observador ocasional, esto me convierte en un blanco fácil, una idiota incauta, un chiste. La gente siempre quiere recordármelo: no tienes derecho a ser tan feliz. Gordinflona.

Los chiflidos son terribles, sin importar en qué circunstancias. Si son sarcásticos, implica que nadie podría considerarme atractiva jamás. Si son genuinos, implica que mi cuerpo (y, por extensión, mi sexualidad) es propiedad pública, y el simple hecho de salir a la calle es una invitación abierta a los comentarios. De cualquier modo, es despersonalizante y objetificante, y es terrible. Tiendo a pensar que la larga ausencia de abucheos sarcásticos en mi vida radica en mi postura y mi seguridad, pues es difícil arremeter contra una persona que claramente no se siente mal consigo misma, y espero que mi decidida reacción al grito de la adolescente fuera el motivo de las miradas de asombro a medida que el vehículo se alejaba. También creo que mi habilidad innata para eludir los abucheos se debe, al menos en parte, a mi edad; las mujeres no tan jóvenes (estoy en mis treinta, pero de todos modos) son vistas, en términos culturales, como menos sexuales, menos objetificables y, por tanto, su gordura es menos ofensiva. Dudo que, por ejemplo, las chicas de la camioneta hubieran abucheado a una mujer de la edad de su madre.

Puesto que, últimamente, un chiflido implica un comentario sobre el atractivo de una persona, sea positivo o negativo, suele tener lugar dentro de un conjunto determinado de parámetros. Y aunque esto era difícilmente lo que estaba pensando en el momento, mi reacción a las adolescentes puede haber encarado, sin darme cuenta, tanto sus suposiciones sobre mi aparente ausencia de atractivo sexual (con respecto a mi gordura) *como* mi asumida normalidad, dada mi inmediata respuesta afirmativa a una insinuación sexual hecha por una mujer, a pesar de la insinceridad evidente de dicha insinuación.

Hay tantas personas —de mi tamaño y mucho más pequeñas— que ni siquiera considerarían la opción de ir a la playa, o ponerse un traje de baño en público, por esta misma razón: el miedo de que alguien las mire, alguien diga algo, de convertirse en ejemplo, de ser humilladas, de sentir que no tienen derecho a salir de casa con algo distinto a una carpa, luciendo tal como son. Y esto me enfurece, que permitamos que los otros nos digan lo que podemos hacer, y adónde ir, por el miedo a la humillación inmediata que puede surgir en cualquier momento; humillación que el perpetrador habrá olvidado al cabo de una hora, pero que la persona humillada llevará consigo durante días, o meses, o el resto de su vida.

Ante la disyuntiva entre limitar mis movimientos para asegurarme de no volver a ser abucheada, frente a salir abiertamente y arriesgándome a (¡o exigiendo!) llamar la atención, escojo la segunda. Aun cuando esto me convierta en la diana donde se exorcizan las inseguridades y ferocidades de los otros. Aun cuando pierda tiempo procesando y recordando los riesgos emocionales asumidos por el simple hecho de ser yo misma, tiempo que de lo contrario podría ocupar relajándome al sol. Al empezar mi proceso de aceptación propia decidí, en primer lugar, que no sentiría miedo de lo que esas personas —las que me chiflarían despiadadamente desde un vehículo en movimiento, por ejemplo— dijeran o pensaran de mi cuerpo. Nunca eludiría la vida a causa del miedo. Y aquí sigo, luchando por vivir sin temores.

Por tanto, al diablo con esas personas. Volveré a la playa mañana, y el fin de semana, y los meses que vienen, y si no les gusta, bien, me alegra contrariarlos.

No pueden detenerme.

Capítulo 25

Defienda su honor tan rotundamente como defendería el de una amiga

¿Recuerda cuando dijimos que no deberíamos andar con personas que dicen cosas negativas acerca de nuestro cuerpo (o del de ellas)? Pues bien, basándose en esa regla, pregúntese lo siguiente: ¿qué tantas probabilidades hay de que anduviera consigo misma?

Seguro que no permitiría que nadie le dijera a su mejor amiga que es una marrana desagradable o que no merece estar en una relación hasta que no adelgace, ¿o sí? Tampoco piensa quitarle el plato de comida si todavía tiene hambre ni obligarla a ir al gimnasio y reprenderla hasta que termine de hacer un ejercicio que detesta. Por supuesto que no. Pero apostamos a que se ha hecho todas esas cosas a sí misma sin siquiera pensarlo.

Y es aquí donde le decimos que deje de hacerlo de una buena vez por todas. Usted merece tratarse a sí misma del mismo modo como trata a los demás. Necesita ser su mejor amiga durante un tiempo, y esto no significa abandonar a su mejor amiga real. Es más, podría contratarla para que le grite: "¡Deja de hacerle daño a mi amiga!" cada vez que se ataque o maltrate a sí misma. Después de verla odiarse durante tantos años, puede que esto les resulte catártico a sus amigas.

En realidad, no es gracioso

Muchas personas, y sobre todo muchas mujeres, usan una especie de humor despectivo de sí mismas para despreciarse y hacer reír a los demás al mismo tiempo. Esto evita que parezcamos arrogantes (porque la seguridad, en las mujeres, puede malinterpretarse) y es uno de esos modos de establecer vínculos a partir de los defectos (o las dietas). Usted puede creer que está siendo ingeniosa y encantadoramente despectiva de sí misma, pero lo cierto es que no. A lo mejor está intentando prevenir algún insulto, pues los comentarios negativos pueden resultar menos hirientes si nos encargamos de convertirlos en bromas nosotros mismos. Pero al adelantarnos a los comentarios negativos, lo que hacemos es acostumbrarnos a crear oportunidades para que se den.

Kate tuvo una gran revelación hace unos años cuando una amiga le dijo: "¿Sabes qué? A los demás nos resulta incómodo cuando haces comentarios despectivos sobre ti misma. Por lo general tienes mucha gracia y haces que nos den ganas de reírnos, pero lo cierto es que no queremos que parezca que realmente pensamos eso de ti… y entonces es muy difícil saber cómo reaccionar". De un modo retorcido, Kate estaba convencida de que hacía que los demás se sintieran *más* cómodos al reconocer "el elefante en la habitación"; y ella era el elefante, por supuesto. Pero al pensarlo, se dio cuenta de que era completamente cierto. El problema no era que todo el mundo viviera pensando en su gordura y evitara hacer comentarios por mera cortesía, el problema era que ella suponía que a todos, incluso a sus amigos, les desagradaba su cuerpo tanto como a ella. Pero lo cierto era que sus amigos —que eran amigos de verdad— no tenían el menor interés en hablar de lo "fea" y "desagradable" que era. Era ella quien se dedicaba a poner el tema, con lo que no solo hacía que todos tuvieran siempre presente el tamaño de su cuerpo, sino que además los distanciaba con su *comportamiento*, y no porque su cuerpo fuera repulsivo.

Puede que uno se sienta arrogante por el simple hecho de quererse a sí mismo. Tener una imagen corporal positiva puede parecerse a la arrogancia, sin duda, cuando es tan común que las mujeres se desprecien a sí mismas y se nieguen a ser el centro de atenciones. Pero veamos la otra cara de la moneda: ¿no es arrogante suponer que todo el mundo está pendiente de nuestro aspecto? ¿Creer que sabemos lo que todos están pensando, incluso si no dicen nada? Quien actúa como si pudiera leerles la mente a los demás está más cerca del delirio egoísta que quien dice: "Pues sí, el tamaño de mis muslos no es un problema para mí".

Este tipo de monólogo negativo (como se le denomina en los libros de autoayuda) es muy nocivo, y es una costumbre de la que hay que deshacerse. Es cierto que todos somos tan únicos comos los copos de nieve, y una actitud arrogante le resulta insoportable a cualquier ser razonable. Pero veamos: si alguien le hace un cumplido y su reacción es comentar lo grande que ese vestido le hace ver el trasero, podría pensarse que usted faltó a la clase de kínder sobre los modales, pues la respuesta correcta a un cumplido es "gracias".

Esta es una de las manías de Marianne, probablemente porque tardó tanto en captar lo importante que es esto. Un "Te ves bien" provocaba una respuesta automática como "¡Huy! Gracias, realmente debería hacer algo con mi pelo, y por lo general llevo más maquillaje". (Lo del maquillaje no es cierto en absoluto, pues casi nunca se maquilla.) Por tanto, cuando alguien le hacía un cumplido, ella hacía toda una refutación para demostrarle *por qué estaba equivocado*. Lo que no solo demostraba su problema de aceptación propia, sino que además insultaba el gusto de la gente que intentaba halagarla.

Si usted ha tenido dificultades para aceptar y creer realmente los cumplidos, ejercítese en el arte de dar las gracias. Sin importar adónde la lleve su monólogo interior, la palabra que debe salir de su boca es: gracias. Piense que es una cuestión de modales, o lo que sea que necesite para convencerse de aceptar un cumplido.

Cuando es válido odiarse a sí misma

No será fácil defender su propio honor. En realidad, todo el trabajo requerido para la aceptación personal es difícil. No vamos a decirle mentiras. (En realidad, no vamos a decirle ninguna mentira respecto a nada; he allí una de las ventajas de no tener vergüenza.) Pero piense en lo infeliz que ha sido en el pasado, haciéndole la guerra a su cuerpo como si se tratara de un enemigo malicioso. Y piense en lo furiosa que estaría con cualquiera que tratara así a su mejor amiga.

Ahora, póngase así de furiosa consigo misma. He aquí la única circunstancia en que estamos dispuestas a promocionar un poco de ira dirigida hacia sí mismo. Si va a odiarse, ¡al menos hágalo por las razones adecuadas! Ódiese por ser tan cruel con una persona tan buena: usted. Ódiese por ser tan arrogante de suponer que sabe lo que los demás piensan de usted. Ódiese por ser grosera con la gente que quiere halagarla. Ódiese por odiarse. ¡El odio no es bueno! Luego, perdónese. Y empiece a defenderse a sí misma de cualquiera que pretenda hacerla sentir mal —incluyéndose a sí misma— del mismo modo como defendería a una amiga.

Capítulo 26

Acepte que unos días serán mejores que otros

Si viviéramos en un mundo de soles y rosas y gatitos y unicornios y arco iris, todos podríamos seguir los pasos presentados en este libro y sentirnos bien para siempre.

Y es una verdadera lástima que no vivamos en ese mundo, pues en cambio seguimos viviendo en uno que nos dice que la gordura no es sana ni atractiva, una muestra irrefutable de vileza moral.

Dejar de oír esos mensajes es una tarea ardua, y dado que vivimos en un mundo imperfecto, nuestros esfuerzos no siempre son recompensados con un equilibrio interior constante. Tanto Kate como Marianne siguen teniendo días en que se descubren pensando: "Uf, desearía que mis muslos/pechos/caderas fueran diferentes", o "Diablos, quisiera poder comprar en tiendas normales", e incluso "Quizá si fuera un poco más al gimnasio, podría...". Del dicho al hecho de la aceptación propia debemos recorrer un trecho diario y permanente, incluso nosotras.

Ni siquiera sabemos si es posible llegar a un lugar libre de estas ideas y de las inseguridades que las alientan. A veces nos permitimos esperar que, con el tiempo, las chicas que crezcan en nuestras sociedades occidentales no tengan que lidiar con estas inseguridades y, por ende, no tengan que luchar por deshacerse de ellas. Pero, mientras tanto, lo único que podemos hacer es cerrarles el paso antes de que se hagan incontrolables.

La mala noticia es que se trata de una ardua labor que puede durar toda la vida. La buena nueva es que, a diferencia de las dietas, volver a subirse a este tren después de una caída produce una sensación maravillosa.

La espiral descendente

¿Por qué es importante atajar la espiral negativa en primer lugar? Porque es la clase de espiral que solo lleva hacia abajo. Algunos días sentirá que apenas se mantiene en pie, pero al menos consigue resistirse al oleaje de los mensajes culturales que recibimos día tras día. Sin embargo, en los días malos —en que odiamos nuestros tobillos rechonchos y deseamos que nuestra barbilla no fuera tan regordeta—, nos tambaleamos un poco. El ímpetu de avance, lo que venía impulsándola hacia el continuo de la aceptación propia, sufre un revés. Y si no hace un esfuerzo por recuperarse, terminará justo donde empezó, o peor. Y no querrá evitar únicamente el volver a sentirse mal consigo misma, sino que no querrá haber perdido todo el esfuerzo, ¡mucho menos después de haber leído hasta aquí! Entonces, ¿cómo puede detener esos pensamientos negativos?

Lo primero que debe hacer es aceptar que habrá días buenos y días malos. Si cree que de aquí en adelante todos los días serán una fiesta imparable de aceptación personal y su mente la sabotea un día repentinamente, puede ser devastador. Al reconocer, previamente, que siempre habrá problemas ocasionales, nos posicionamos para lidiar satisfactoriamente con los días en que sentimos que estamos hechas para fracasar. También quiere decir que podemos disfrutar aún más de los días buenos, pues no los damos por sentado.

Aduéñese de los días malos

El siguiente paso para lidiar con los días malos es permitirse adueñarse de esos días. "Adueñarse de sus sentimientos" puede sonar cursi y *autoayudesco*, pero déjenos explicarle. Parte de aceptar nuestro cuerpo es vivir en él, conectarnos con él. Adueñarnos de nuestros sentimientos significa vivirlos y conectarnos con ellos. Puesto que odiar nuestro cuerpo suele ser un modo de lidiar con otros problemas, reconocer que nos sentimos fatal con nosotras mismas durante el tiempo necesario para preguntarnos *por qué*, puede resultarnos útil.

Por ejemplo, durante la redacción de este libro, Marianne (que es así de perversa) empezó a sentirse cada vez peor consigo misma. Y en vez de negar que tuviera un problema, decidió hablarlo con sus amigos. Se sentía cansada todo el tiempo y que no era lo suficientemente buena para escribir ni interesante de ningún modo ni forma ni manera. Las personas con quienes habló la escucharon, comprendieron y la alentaron a buscar de dónde venían esas sensaciones. Esto le tomó un tiempo, pero finalmente lo entendió: había sido un año lleno de acontecimientos, tales como cumplir treinta, casarse, empezar a trabajar como independiente, escribir este libro... Todo esto era bastante abrumador, y tenía miedo de decepcionarse a sí misma y a todo el mundo. En cuanto comprendió qué le estaba pasando, pudo manejarlo.

Descubrir la fuente de la autocrítica no la hizo desaparecer por arte de magia, pero le permitió entender que podía ser amable consigo misma y tener expectativas más realistas. Podía aceptar que probablemente siempre habrá *alguien* que se sienta decepcionado por lo que diga —así es la vida—, pero las personas que le importan seguirán queriéndola. Y ella seguirá sintiéndose bien consigo misma porque el fracaso, cuando llega, es una oportunidad para aprender algo nuevo y volver a intentarlo.

Marianne es, claramente, una persona optimista. Pero también es capaz de aceptar los días malos y tratarse mejor a sí misma cuando los pensamientos negativos entran en escena. Si intentamos reprimir los sentimientos negativos de los días malos, nos explotarán en la cara algún día. Peor aún, si empieza a verse como la Señorita Acéptate a Ti Misma y luego tiene un colapso nervioso en el probador de una tienda, volverá a sentirse como un fracaso redondo; y esa es precisamente la costumbre de la cual queremos que se deshaga.

¿Quiere saber un secreto? Incluso durante un buen tiempo después de empezar a escribir su blog sobre la aceptación de la gordura y la salud para todas las tallas, Kate no era capaz de practicar natación, y eso que le encantaba. ¿Por qué? Porque nadar implica ponerse un traje de baño (al menos en el gimnasio). Aunque ya se había acostumbrado a usar los pantalones de yoga y camisas sin manga, aún no estaba lista para mostrar sus muslos —su parte del cuerpo más odiada, desde siempre— en un lugar distinto a un vestidor (y aun allí intentaba evitarlo). Como hemos dicho varias veces, la aceptación del cuerpo no llega fácilmente ni de un momento a otro. Es un proceso. Un proceso largo y lento.

Para cuando Kate empezó a escribir su blog, claramente había progresado muchísimo en la aceptación de su cuerpo, pues de lo contrario no se habría puesto a escribir sobre el tema, pero aún tenía que resolver varios asuntos en lo referente a sus muslos. El final feliz, después de más o menos un año de escribir en su blog y participar en una floreciente comunidad internauta de actitud positiva hacia la gordura, es que finalmente llegó al punto en que el atractivo de la natación superó al miedo de mostrar sus muslos desnudos y asistió a su primera clase de aeróbicos acuáticos. Lo que es mejor aún, para entonces había conocido a otra bloguera gorda que vivía en su barrio y empezaron a ir juntas a la clase. Y es una delicia.

Ahora, permítanos enumerar cuántos de los aspectos mencionados en este libro aparecen en esta pequeña historia. ¿Supérelo: nadie la está mirando? Ya. ¿Encontrar un tipo de ejercicio que le fascina? Ya. ¿Defender su honor tal como defendería el de una amiga? Ya. (Si alguna de las amigas de Kate decía: "Me fascina nadar, pero me da demasiada vergüenza ponerme un traje de baño", ¡Kate se ponía furiosa!) ¿Leer blogs sobre la aceptación de la gordura, andar con amigos que muestren una actitud positiva hacia el cuerpo, encontrar un pasatiempo y hacerlo con otras personas? Ya, ya y ya. Como verá, no nos lo estamos inventando; le estamos contando lo que nos ha servido y sigue sirviéndonos.

En nuestra relativa calidad de autoridades en el tema de la aceptación de la gordura y el desarrollo de una estima corporal positiva, podemos llegar a sentirnos como las más hipócritas cuando tenemos días malos, y por eso a veces nos cuesta admitirlo. Pero cada vez que lo reconocemos en nuestros blogs, nos llueven e-mails y comentarios de nuestras lectoras que nos dicen que se sienten aliviadas de saber que también seguimos lidiando con estos asuntos; creían que tenían algún problema porque no conseguían amar su cuerpo todo el tiempo, ¡cuando nosotras lo hacemos parecer tan fácil!

Créanos: lo último que queremos es que pase del "Soy un fracaso porque no soy flaca y hermosa como Gisele Bündchen" al "Soy un fracaso porque no soy tan segura como Marianne y Kate". Si este libro ha de dejarle una sola enseñanza, que sea esta: sea amable consigo misma. Esto significa no flagelarse por ser gorda y no flagelarse por seguir sucumbiendo a inseguridades profundamente arraigadas. Todo el mundo las tiene, y todo el mundo vive días malos. Lo único que podemos hacer es tratar de reconocer los pensamientos negativos como la grandísima desgracia que son antes de permitirles apoderarse de las riendas.

Capítulo 27

¡No posponga su vida para cuando sea delgada!

Seguro conoce la frase que dice: "¿Qué haría si supiera que es imposible fracasar?". Bueno, nuestro equivalente sería: "¿Qué haría si supiera que es imposible ser rechazada por ser gorda?".

Sabemos que tiene una lista mental de cosas que le gustaría ensayar, pero solo después de haber adelgazado. De hecho, estamos bastante seguras de que, en Estados Unidos, las únicas mujeres que no tienen esa lista mental llevan años en la lucha pro aceptación de la gordura o son mujeres delgadas o atléticas. ¿Recuerda las estadísticas de la cantidad de mujeres que odian su cuerpo? Dejando de lado lo condenadamente lamentables y tristes que son esas estadísticas, el hecho es que sugieren que la gran mayoría de las mujeres, de los países de habla inglesa por lo menos, han pensado en cuánto mejoraría su vida si tan solo pudieran adelgazar.

Espere, la verdad es que no podemos dejar de lado lo condenadamente lamentables y tristes que son esas estadísticas. En cambio, deberíamos compararlas con unas cuantas estadísticas que se repiten hasta el cansancio para invocar el temido temor a la gordura: según los Institutos Nacionales de la Salud, un 61,6 por ciento de las estadounidenses tienen sobrepeso o son obesas, mientras que solo un 36,1 por ciento se considera que tiene un peso "saludable". [1] Por supuesto, estas estadísticas se basan en la escala del índice de masa corporal, que no tiene en cuenta ni el sexo ni la edad ni la contextura ni la diferencia entre músculo y grasa. Pero incluso si confiamos en estos cálculos, podemos ver que hay una coincidencia considerable entre las mujeres que no entran ni remotamente en la categoría del "sobrepeso" según ningún estándar racional y las que quieren adelgazar. Un hecho que amerita que desaprobemos en silencio durante un rato. Hágalo, la esperamos.

De modo que, si es como la mayoría de las mujeres, creerá que adelgazar es un requisito para ser feliz y segura, y esto significa que probablemente tiene esa lista mental de cosas que solo se siente capaz de intentar cuando sea delgada (sea cual sea el significado de delgada para usted). Irse de vacaciones sola, usar un traje de baño en público, poner su perfil en una página de citas de Internet, volver al mundo laboral después de haber dado a luz, inscribirse en clases de salsa, presentar una ponencia en un congreso… ¿le suena conocido?

Pero si ya ha leído hasta aquí, sabe que las dietas no la harán delgada para siempre. Sabe que si es amable consigo misma, hace un ejercicio que le guste y come cuando tiene hambre tendrá más probabilidades de vivir una vida más saludable que si se dedica a intentar adelgazar. Sabe que en el mundo hay gente que la considerará verdadera y realmente atractiva tal como es. Sabe que el escándalo de los medios sobre la gordura está sobredimensionado. Y sabe que cuando está convencida de que todos están contemplando su "espantosidad" abundante (o su abundancia espantosa), lo más probable es que simplemente necesite superarlo.

He aquí la verdadera prueba de todas estas nuevas lecciones: deje de posponer su vida para cuando sea flaca. Repase su lista mental y busque algo que pueda hacer ahora, algo en lo que pueda inscribirse mañana, algo para lo cual pueda ahorrar de aquí en adelante. Empiece ya. Viva su vida de una buena vez.

La fase del "está bien que los demás sean gordos"

Una vez haya empezado a creer realmente en la aceptación de la gordura —lo que se diferencia de pensar que está bien que los demás sean gordos, pero usted necesita perder X kilos antes de ser aceptable—, puede ser difícil recordar cómo solía pensar anteriormente al respecto (así como puede ser difícil imaginar cómo podría admitir su cuerpo gordo antes de aceptarlo). Como suele sucederle a casi todo el mundo antes de descubrir que existe algo llamado "aceptación de la gordura", Kate pasó años en la fase de la discordancia cognitiva: entendía perfectamente que EL BOMBO DE LA CRISIS DE LA OBESIDAD estaba sobredimensionado —e incluso si no, que las dietas no sirven—, pero aún quería adelgazar y sentía que debía llegar a una talla 10 antes de poder empezar su verdadero viaje pro aceptación de la gordura. (Insertar mueca.) Hoy en día, puede recordar que se sentía así, pero le cuesta recordar cómo se sentía el creer esas dos contradicciones al mismo tiempo.

Esa discordancia cognitiva produce un tipo particular de resistencia que aparece cada vez que nos atrevemos a decir en nuestros blogs que las dietas no sirven. Esa resistencia que, en esencia, se traduce en "¡No nos quiten nuestras esperanzas!". Quienes no creemos en las dietas solemos ser acusados de desmoralizar a los gordos, de enviar un mensaje cruel y pesimista al admitir la simple realidad de que la mayoría de las personas gordas no pueden volverse delgadas para siempre. Pero nuestro mensaje, en realidad, es que nos está permitido amar a nuestro cuerpo gordo en vez de odiarlo, y que podemos dar ciertos pasos para mejorar nuestra salud sin necesidad de emprender una batalla perdida contra nuestro peso. Estamos convencidas de que es un mensaje compasivo y optimista, por no decir realista. Pero siempre habrá quienes lo oigan como un "Nosotras, Kate Harding y Marianne Kirby, ¡la condenamos a una vida de gordura perpetua! ¡No tiene ningún sentido que lo intente, gordinflona! ¡Está condenada! ¡Jajajajaaa!".

Y esta reacción le recuerda a Kate cómo se sentía antes de hacer las verdaderas paces con su cuerpo: el "sueño de ser delgada" dominaba su vida por completo; incluso en una época, después de haber adelgazado, descubrió que se sentía igual de deprimida y confundida y frustrada que siempre, y luego volvió a recuperar el peso perdido porque, como sabemos, las dietas no funcionan. Después de todo, la realidad de ser delgada nunca se materializó, porque el sueño de ser delgada seguía siendo algo mucho más familiar, lo que mejor conocía. Había vivido años y años alimentando ese sueño, y solo un par de años siendo delgada. La realidad no tenía ninguna posibilidad.

El sueño de ser delgada

Un problema de las exhortaciones a dejar de posponer y empezar a vivir la vida *ahora* es que no tienen en cuenta el pensamiento mágico inspirado por la delgadez, que suele ser bastante común. Sabemos que, en nuestro caso, el sueño de ser delgadas no solo implicaba encogernos lo suficiente como para sentirnos más aceptables; el sueño implicaba convertirnos en personas completamente diferentes, personas muchísimo más valientes, seguras y afortunadas que nuestras versiones gordas. Nunca se limitaba a "Cuando sea delgada, me veré bien en traje de baño"; era "Cuando sea delgada, seré el tipo de persona que se pasea por la playa en bikini y hace chillar a los hombres".

Asimismo:

- Cuando sea delgada, no tendré problemas para encontrar un compañero o para revitalizar mi relación.
- Cuando sea delgada, tendré el trabajo que siempre he querido.
- Cuando sea delgada, ya no volveré a deprimirme.
- Cuando sea delgada, me convertiré en una viajera aventurera en vez de tener miedo de ir a cualquier país cuyo idioma no hablo.
- Cuando sea delgada, me dedicaré a las actividades al aire libre.
- Cuando sea delgada, seré más extrovertida y carismática y así tendré más amigos.
- Etcétera, etcétera, etcétera.

En vista de esto, es mucho más fácil comprender por qué algunas personas quedan horrorizadas cuando les decimos que, en realidad, sus posibilidades de adelgazar para siempre son casi nulas y, por tanto, lo mejor es concentrarse en sentirse bien y disfrutar la vida en su gordura. Para una persona que está realmente embebida en el sueño de ser delgada, esto no significa "Todos los estudios sugieren que será gorda el resto de su vida, pero eso no es terrible en realidad", sino "¡Nunca será la persona que quiere ser! ¡Todos los estudios sugieren que nunca tendrá una relación satisfactoria o un ascenso o más amigos o la seguridad necesaria para ensayar cosas nuevas!". Si eso es lo que oye cuando le decimos que "las dietas no funcionan", entonces entendemos que puede ser una verdadera desgracia.

Límites personales

Superar el sueño de ser delgada puede ser el trecho más difícil del camino a la plena aceptación de la gordura. Y puede ser por eso que Kate borrara de su memoria esa parte del proceso: es horrible. Porque no solo tenía que aceptar el tamaño de sus muslos, también tenía que aceptar a la persona que era, en vez de seguir esperando a convertirse, por arte de magia, en la persona que siempre había soñado ser. Ay.

Esto, por supuesto, es una parte normal del proceso de crecer. El hecho de empezar a darnos cuenta de que, pues sí, la vida es así, y aunque podemos seguir ensayando suficientes cosas nuevas como para mantenernos ocupadas durante dos vidas, mal que bien estamos atrapadas en un contexto básico. Hay aptitudes, experiencias y cosas materiales que nunca tendremos, punto. El reto está en comprender que aceptar este hecho no equivale a limitar las posibilidades o renunciar a los sueños, sino, simplemente —como en la proverbial historia de la creación del *David* de Miguel Ángel— aprender a descartar todo lo que no somos. Esto puede ser aún más difícil para una persona gorda, puesto que demasiadas fuentes nos alientan a creer que dentro de cada una de nosotras hay "una persona delgada esperando a salir", y esa persona delgada es muchísimo más divertida.

La realidad es que Kate nunca será la clase de persona que piense que sería maravilloso pasar una temporada de privaciones en el Tíbet; mejor una semana en un hotel decente en Londres. Es probable que nunca aprenda a esquiar en el agua, o simplemente a esquiar, o a dar volteretas en el aire. Será alguien a quien le gustan las actividades al aire libre en pequeñas dosis, pero siempre necesitará recargar baterías con un buen libro. Quizá aprenda a hablar fluidamente otro idioma a lo largo de su vida, pero no cinco. Nunca publicará una novela sin haber terminado de escribir una. Y podríamos apostar a que nunca dejará la vida urbana para comprar una granja o dedicarse a ser guía fluvial. Y las posibilidades de casarse con George Clooney son muy, pero muy escasas. La mayoría de estas cosas también son ciertas en el caso de Marianne, sobre todo lo que tiene que ver con la vida al aire libre.

Nada de esto se debe a que seamos gordas, sino a que somos *nosotras*.

Pero cuando estábamos embebidas en el sueño de ser delgadas, realmente creíamos que con cambiar esa "simple" (¡ja!) parte desataríamos una nueva identidad: ese tipo de mujer absolutamente fabulosa, de espíritu libre, que no le tiene miedo a nada y es un imán que atrae a las personas y experiencias más interesantes. Y, por supuesto, la gordura se convierte en una excusa para no hacer casi nada, porque si no es mi *verdadero* yo el que lo hace, ¿para qué hacerlo?

Para Kate, la aceptación de la gordura no fue lo más difícil, sino aceptar su personalidad, y sus muchas limitaciones, que no tienen nada que ver con sus muslos. Pero, por extraño que parezca, en cuanto empezó a aceptar su personalidad tal como era, su vida empezó a ser enemil veces más satisfactoria. Encontró al hombre indicado, empezó a hacer yoga y comenzó a tomarse en serio su escritura. Empezó a dejar de disculparse por tomarse las vacaciones en Estados Unidos y Canadá, en vez de irse a algún lugar exótico. Y, ¡oh, sorpresa!, ser Kate Harding empezó a ser mucho más divertido. La persona delgada que esperaba en su interior finalmente salió a la luz; simplemente resultó que en realidad era una persona gorda.

Renunciar versus conformarse

Renunciar a las dietas y aceptar nuestro cuerpo no significó únicamente admitir que nunca seríamos delgadas; significó admitir que nunca seríamos un millón de cosas que podríamos haber sido. (Lo que, según nos han dicho, es un fenómeno que suele conocerse como "madurar".) No estamos recomendando, en absoluto, que se conforme —que es donde aparece la confusión sobre el pesimismo—, lo que recomendamos es tener conciencia de sí mismo y perdonarse. Hay una gran diferencia entre decir que *no podemos ser* nada distinto a lo que somos ahora mismo y que *no tenemos que ser* nada distinto a lo que somos. Puede que usted nunca sea delgada para siempre (a no ser que ya lo sea), pero, aparte de eso, las posibilidades son ilimitadas. Usted puede ser lo que quiera ser, en teoría.

La pregunta es: ¿quién quiere ser en realidad, y qué piensa hacer al respecto? (De acuerdo, son dos preguntas.) El sueño de ser delgada es una excusa conveniente para no plantearse esas preguntas con sinceridad, y es precisamente por eso que es peligroso, porque no solo le impide ser quien es, sino la persona que podría ser si partiera de lo que tiene.

Y esa persona atrapada en su interior realmente podría ser mucho más divertida de lo que es ahora. Lo único es que no es delgada.

Conclusión

No haga dietas; en todo caso, no funcionan

¡Pero... pero... pero... !

Ay, podemos oírla desde ya. "¡Pero tengo que hacer dieta!" ¿Ah, sí? ¿Y eso por qué? "¡Porque esto de la aceptación de la gordura está bien para el resto, pero no para míiiiii!".

Oh, oh. Devuélvase y relea el primer capítulo. Relea todo el libro si es necesario. Puede que sea un hueso duro de roer, pero usted no es un copo de nieve tan especial como para que las dietas sean la respuesta indicada, aun cuando casi todas las personas que hacen dieta terminen igual o más gordas que antes. Dejar de hacer dieta no equivale a rendirse, sino a dejar de hacerse daño, de matarse de hambre y culparse por cosas que no puede controlar. Es renunciar a la autoflagelación aprobada por nuestra sociedad. Es dejar de escribir su propio fracaso.

También es liberar una cantidad de tiempo y energía que puede emplear en otras cosas. Es liberar la energía mental que necesita para aprender un nuevo pasatiempo. Es darle a su cuerpo la energía necesaria para emprender actividades físicas. Es dejar de menospreciarse y así poder conocer nuevas personas con seguridad y establecer nuevas amistades.

Es renunciar al sueño *de ser delgada* y cambiarlo por la *posibilidad realista de ser feliz como la persona que es*. ¿Cuál le suena mejor?

Agradecimientos de Kate

Marianne Kirby emprendió conmigo este proyecto aunque ninguna de las dos sabía si realmente podríamos venderlo. Luego apareció Molly Lions y se encargó precisamente de eso, además de darnos uno que otro empujoncito a este par de autoras primerizas. Después llegó Meg Leder, quien nos apoyó siempre que lo necesitamos, nos convirtió en mejores escritoras y nos dio aún más empujoncitos. Todas estas mujeres se han ganado una admiración y agradecimiento que no puedo expresar con palabras.

Mis co-blogueras, "Fillyjonk" y "Sweet Machine", han hecho de *Shapely Prose* un blog enemil veces más inteligente y divertido de lo que era cuando solo escribía yo, y lo que es más importante, me han ayudado a mantenerme (relativamente) cuerda ante los *trolls* de Internet, los aborrecedores de la gordura y la vida en general. Las "Shapelings" han convertido el blog en una comunidad próspera llena de gracia, ingenio y apoyo; algo muchísimo mayor que un mero depósito de sermones. Este libro no existiría sin *Shapely Prose*, y *Shapely Prose* no sería nada sin Fillyjonk, Sweet Machine y los maravillosos comentaristas, de modo que inmensas gracias a todos.

Al Iverson me ha acompañado de tantas maneras que no puedo siquiera empezar a articular mi agradecimiento por él y hacia él. Digamos simplemente que emborracharme para coquetearle puede haber sido lo más inteligente que haya hecho en la vida.

Agradecimientos de Marianne

Cuando fundé *The Rotund*, no tenía idea de que al poco tiempo me haría amiga de una maravillosa mujer llamada Kate Harding. Si nuestra amistad hubiera sido lo único que surgiera del blog, habría valido la pena. Para mi fortuna, otras personas también empezaron a leer el blog. No me levantaría todos los días a escribir emocionada si no fuera por las maravillosas personas que comparten allí sus comentarios y su vida conmigo.

Molly Lions *asumió* este proyecto desde el instante en que se lo enviamos. Su entusiasmo y convicción hicieron de este un mejor libro incluso cuando no era más que una idea. También tuvimos la fortuna de que Meg Leder nos adoptara como autoras primerizas; su paciencia y comprensión han sido inestimables.

Tengo tanto que agradecerle a Lesley Kinzel que no sabría por dónde empezar, así que me atendré a lo esencial. Gracias, Lesley, por estar en nuestro libro. Gracias también a Julia, Cynara, Joy y Barb por sus palabras y la furibunda integridad con que viven la vida. Ustedes son lo máximo.

Mi esposo, Ed, usa la palabra *gorda* sin rodeos, me recuerda que debo comer y me hace reír todos los días de la vida. Nunca podré agradecerle lo suficiente, pero espero que esto sea algo parecido a un comienzo.

Bibliografía recomendada

Recomendamos los siguientes libros por su capacidad para esclarecer aspectos aquí tratados. Advertimos, no obstante, que no todos son necesaria ni completamente respetuosos con las personas gordas; sencillamente vale la pena leerlos, si desea más información.

Bordo, Susan. *Unbearable Weight: Feminism, Western Culture, and the Body*. Berkeley, CA: University of California Press, 2004.

Campos, Paul. *The Obesity Myth: Why America's Obsession with Weight is Hazardous to Your Health*. Nueva York: Gotham Books, 2004. (Nota: este libro se reimprimió en 2005 con el título *The Diet Myth*, y aunque ambas ediciones están descontinuadas, *The Obesity Myth* puede conseguirse como e-book en Amazon.com.)

Frater, Lara. *Fat Chicks Rule! How to Survive in a Thin-Centric World*. Brooklyn, NY: Gamble Guides, 2005.

Gaesser, Glenn A. *Big Fat Lies: The Truth About Your Weight and Health*. Carlsbad, CA: Gurze, 2002.

Garcia, Megan. *Megayoga*. Nueva York: Dorling Kindersley, 2006.

Glassner, Barry. *The Gospel of Food: Why We Should Stop Worrying and Enjoy What We Eat*. Nueva York: Harper Perennial, 2007.

Kolata, Gina. *Rethinking Thin: The New Science of Weight Loss—and the Myths and Realities of Dieting*. Nueva York: Picador, 2008.

Kolata, Gina. *Ultimate Fitness: The Quest for Truth about Health and Exercise*. Nueva York: Picador, 2004.

McClure, Wendy. *I'm Not the New Me.* Nueva York: Riverhead, 2005.

Poulton, Terry. *No Fat Chicks: How Women Are Brainwashed to Hate Their Bodies and Spend Their Money*. Toronto: Key Porter, 1996.

Shanker, Wendy. *The Fat Girl's Guide to Life.* Nueva York: Bloomsbury USA, 2004.

[Edición en español: *Mucha talla*. Barcelona: Lumen, 2005.]

Taubes, Gary. *Good Calories, Bad Calories: Fats, Carbs, and the Controversial Science of Diet and Health*. Nueva York: Anchor, 2008.

Wann, Marilyn. *FAT! SO?: Because You Don't Have to Apologize for Your Size.* Berkeley, CA: Ten Speed Press, 1999.

Notas

Capítulo 1: Acepte que las dietas no funcionan

1. Traci Mann et al. "Medicare's Search for Obesity Treatments: Diets Are Not the Answer", *American Psychologist* 62 (2007): 220-233.

Capítulo 2: Salud para todas las tallas, incluida la suya

1. Marcia Wood. "Health at Every Size: New Hope for Obese Americans?", *Agricultural Research* 54 (2006): 10-11.

Capítulo 3: Busque un ejercicio que le guste

1. D. Neumark-Sztainer et al. "Shared Risk and Protective Factors for Overweight and Disorderd Eating in Adolescents", *American Journal of Preventive Medicine* 33 (2007): 359-369.
2. Peter Muennig et al. "I Think Therefore I Am: Perceived Ideal Weight as a Determinant of Health", *American Journal of Public Health* 98 (2008): 501-506.
3. Xuemei Sui et al. "Cardiorespiratory Fitness and Adiposity as Mortality Predictors in Older Adults", *Journal of the American Medical Association* 298 (2007): 2507-2516.

Capítulo 5: Si cree que está deprimida, busque ayuda

1. Susan C. Wooley y David M. Garner. "Obesity Treatment: The High Cost of False Hope", *Journal of the American Dietetic Association* 91 (1991): 1248-1251.

Capítulo 6: Busque médicos que muestren una actitud positiva hacia el cuerpo

1. Kelly D. Brownell y Rebecca Puhl. "Stigma and Discrimination in Weight Management and Obesity", *Permanente Journal* 7 (2003): 21-23.
2. Nicholas Bakalar. "Disparities: Obesity and the Odds of a Kidney Transplant", *New York Times*, enero 1, 2008.
3. Mike Jarvis. "Hip, Hip, Hurray!" *Gainsborough Standard*, junio 28, 2007.
4. Kelly D. Brownell y Rebecca Puhl. "Stigma and Discrimination in Weight Management and Obesity", *Permanente Journal* 7 (2003): 21-23.

Capítulo 10: Deje de juzgar a otras mujeres

1. www.nationaleatingdisorders.org/neda-espanol/
2. www.nedic.ca [en inglés].
3. Molly Watson. "Poll Shows Women See Size 12 as Overweight", *Wales Online*, marzo 19, 2007. Disponible [en inglés] en: http://www.walesonline.co.uk/news/wales-news/tm_headline=poll-shows-woman-see-size-12-as-overweight&method=full&objectid=18825185&siteid=50082-name_page.html

Capítulo 16: Busque imágenes de mujeres gordas felices, saludables y atractivas

1. A. Romero-Corral et al. "Association of Bodyweight with Total Mortality and with Cardiovascular Events in Coronary Artery Disease: A Systematic Review of Cohort Studies", *Lancet* 368 (2006): 666-678.

Capítulo 21: Entrénese para leer con ojo crítico las noticias sobre la gordura y las dietas

1. www.obesity.org/AOA [en inglés].
2. Gary Taubes. *Good Calories, Bad Calories: Challenging the Conventional Wisdom on Diet, Weight Control, and Disease*, p. 70. Nueva York: Knopf, 2007.
3. Ibid.
4. K. M. Flegal et al. "Excess Deaths Associated with Underweight, Overweight and Obesity", *Journal of the American Medical Association* 293 (2005): 1861-1867.
5. Cynthia L. Ogden et al. "Obesity Among Adults in the United States—No Statistically Significant Change Since 2003-2004", NCHS Data Brief Number 1, Hyattsville, MD: National Center for Health Statistics. 2007. Consultar: http://www.cdc.gov/nchs/about/nchs_en_espanol.htm.

Capítulo 27: ¡No posponga su vida para cuando sea delgada!

1. http://win.niddk.nih.gov/statistics/#preval [en inglés].

Sobre las colaboradoras

Barbara Benesch-Granberg: Barbara vive en Madison, Wisconsin, con su esposo y sus hijos gemelos. Le gusta tejer, aprender y el análisis *amateur* de los medios de comunicación. Sueña con el día en que tendrá tiempo para dedicarles a First, Do No Harm (fathealth.wordpress.com) y a su propio blog (thornacious.wordpress.com) la atención que se merecen. Barb piensa con frecuencia en su mamá.

Cynara Geissler, Fatshionista.com: Cynara es una escritora/editora/gestora artística de veintitantos años y talla veintitantos que vive en las praderas canadienses. Colabora con Fatshionista.com y es co-moderadora de la comunidad *Fatshionista* en LiveJournal.com. Está comprometida con la aceptación de la talla, HAES, las compras de segunda mano, un vestuario mezclado, la poesía y D, su compañero de los últimos siete años (aunque no necesariamente en este orden).

Lesley Kinzel, Fatshionista.com: Lesley escribe en (y es la administradora detrás de) Fatshionista.com; también es co-moderadora de la comunidad *Fatshionista* de LiveJournal.com y lleva más de diez años comprometida con el activismo pro gordura. Se gana la vida trabajando en la administración de la educación superior y tiene dos títulos universitarios. Tras escapar de su ciudad natal del sur de Florida a la tierna edad de dieciocho años, actualmente reside en Boston con su esposo y sus dos exigentes gatos. Dentro de sus pasatiempos se encuentran la fotografía, la cocina vegetariana y socavar la cultura dominante a través de una astuta mezcla de activismo y un vestuario fenomenal.

Joy Nash, FatRant.com: Joy es una actriz, escritora y modelo de prueba de la ciudad de Los Ángeles. Sus videos de YouTube han sido vistos más de un millón y medio de veces y le han cosechado el honor de encontrarse entre los videos de Internet más discutidos de todos los tiempos. El primero, "A Fat Rant", fue nominado en los Webby Awards de 2008 dentro de la categoría de servicio público y activismo. Joy ha aparecido en CNN, *Entertainment Tonight* y la revista *Bust*. Graduada de la Escuela de Teatro de USC y la British American Dramatic Academy, acaba de terminar una película con Michael Madsen y el programa piloto de una comida llamada "Fruit&Fly". Le gustan los leñadores, los crucigramas y decir lo que piensa. Puede visitar su página en: www.joynash.net.

Julia Starkey, Fatshionista.com: Julia es una maravillosa mujer gorda, gay, de raza mixta que vive en Cambridge, Massachusetts. Julia lleva su amor por la interseccionalidad a las organizaciones en las que participa; entre las cuales se encuentran grupos de la aceptación de la gordura, la diversidad sexual y la ciencia ficción. Estudió mitología y folclore en la Universidad de Harvard y está en proceso de convertirse en una bibliotecóloga profesional. En su tiempo libre, se cose los vestidos más geniales y se queja por la inexistencia de moldes para cuerpos gordos.

Sobre las autoras

Kate Harding es la fundadora de *Shapely Prose* (kateharding.net), uno de los blogs más frecuentados de la gordosfera. Tiene una maestría del Vermont College en escritura creativa, vive en Chicago y actualmente trabaja en siete proyectos de futuros libros.

Marianne Kirby es la voz detrás del frecuentado blog pro aceptación de la gordura *The Rotund* (therotund.com). Esta escritora y artista vive gorda y felizmente en Orlando, Florida, la tierra donde se cosecha todo el año.